同人誌をつくったら人生変わった件について。

川崎昌平＝著

幻冬舎

はじめに

本書はあなたに技術や知識を提供しない。

しかし、本書はあなたに思考のきっかけと……それから、あなたが誰かに対して「自分を表現する」ための勇気とを、届ける予定である。

つらい生活と、つまらない自分……その双方を変化させうるものは、断じて「消費」ではない。「表現」である。どれだけ拙《つたな》くても構わない。あなたがあなたの思考を誰かに届ける表現を試みたとき、あなたは必ず変わることができる。

本書の想定する敵は、ごく普通の日常に潜んでいる。

それは、あなたが会社と自宅の往復に疲れているとき、ふと顔を出し、あなたの心を静かに、だがしっかりと蝕もうとするだろう。

本書がもし目的を持つとすれば、あなたの心がその敵に屈する前に、小さな武器を握らせることにある。強くもなければ、使いやすくもないその武器は、しかし、あなたの明日に、微かな自信をもたらす……かもしれない。

登場人物紹介

A子

本作の主人公。30歳。仕事が苦手……というより仕事が嫌いな労働者。自分を変えたいとぼんやり思っているが、変えるきっかけを見つけられずにいる。

B美

A子の同僚。29歳。お気楽な働きっぷりをA子からニガニガしく思われている……ことに当人も気づいている。「二次元こそすべて（All I need is 2D）」が座右の銘。

C太郎

A子の同僚。31歳。企画力、行動力などすべてに優れた会社のエース。A子の働きっぷりに対してことあるごとにダメ出しをする。滅多に笑わない。

D輔

B美の恋人。32歳。同人誌という存在全般をこよなく愛する文化人。職業は大学の非常勤講師だが、常勤講師になれたらB美にプロポーズしようと考えている。

社長

A子の勤務先の代表取締役社長。同人誌づくりが唯一の趣味という60歳。メインは二次創作で、人気作品にはすぐ飛びつく癖が。お金にモノを言わせて毎回すさまじく豪華な仕様の本をつくる。

目次

転 第3章

（第0話）A子、朝に問題なく原稿を入稿し、出社後にしみじみと今までを振り返る。

第0話はこの物語が終わった後からスタートしている。

本作がこれから描くであろう、主人公A子の苦悩や挫折、そこから克己《こっき》して何かを成し遂げようとするところ……などがすべて済んだ状況が、第0話である（どのようにしてA子がその状況に至ったかは第1話以降をお読みいただきたい）。私の絵柄では、時間経過や成長などを人物像として表現できないが、とりあえず主人公であるA子はあらゆる自分の敵に対して、勝利を収めた状況にある。

勝利と書いたが、重要なのは「本書で訴える勝利の形とは、この程度にすぎない」という点であり、それを強調するための第0話である。

あと少し………
このページのペン入れが終われば……
完成だ……

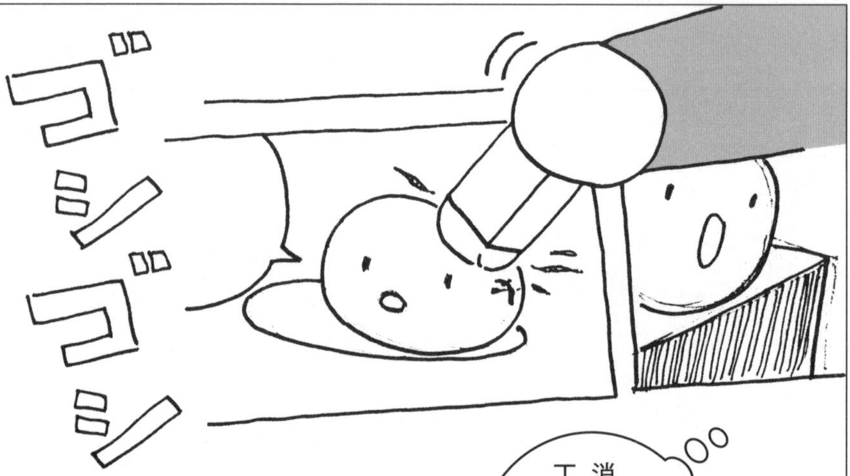

消しゴムかけ
ペン入れ後に、鉛筆による下描きの線を消すこと。次のコマで説明する「スキャン」での精度をあげるためにも、しっかりと丁寧に消す必要がある。

スキャン
作業工程におけるデジタルとアナログの使い分けは人それぞれだが、印刷所に入稿する段階では、デジタルデータでの入稿が一般的（アナログの場合は余計に日数がかかる）。本作の主人公も絵を描くところまでは紙ベースだが、それ以降の作業（写植、トーン貼りなど）はデジタルでするようである。

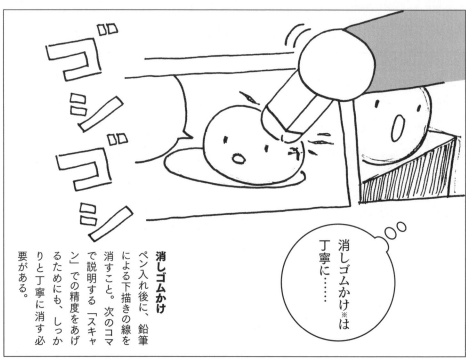

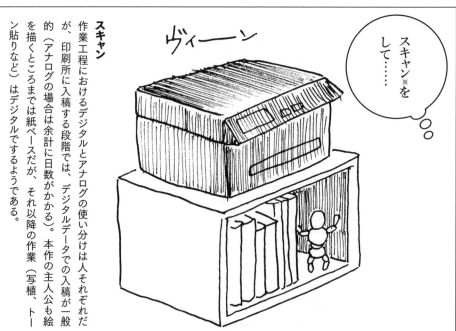

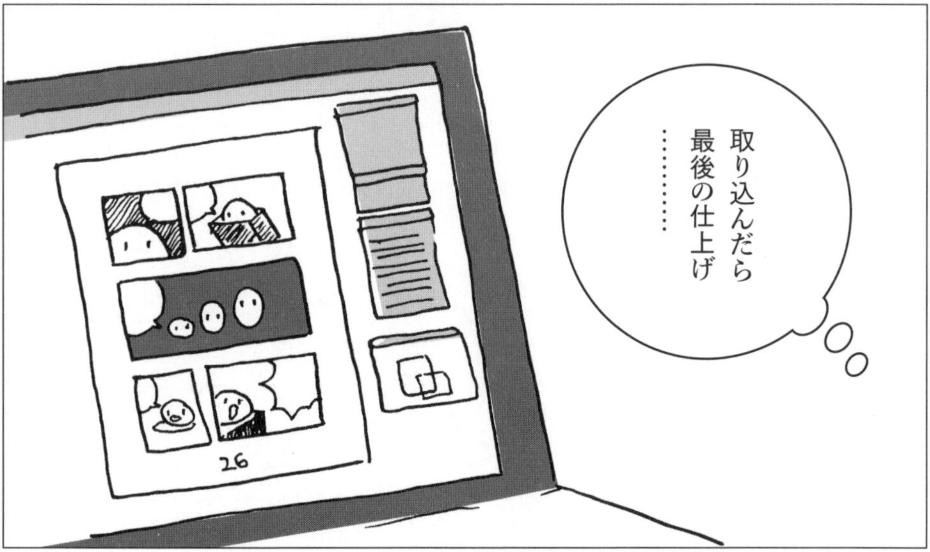
取り込んだら
最後の仕上げ……

色調補正して
2値化して……
トーン貼って
セリフを
タイプして……
カチ
カチ

モアレとゴミの
チェックをして……
だいたい
できたかな……
カチ
カチ

ノンブル

フランス語で「数（nombre）」のこと。ここではページを示す序数を意味し、作成した入稿データの各ページに振られた通し番号となる。丁付けとも。印刷所が面付けをする際に間違いが生じないようにする目的で付される。表紙を1ページ目とする場合もあれば、大扉を1ページ目として計算する場合もあり、編集方針によってページのカウントの方法はさまざま。数字の順序と内容の順番が整合しているかどうかが重要。

トーン

ここでは単純に作画におけるベタの色面を意味している。モアレ防止のためには画像データを2値化した際の線数などに留意する必要がある。

文字要素のアウトライン化

書体（フォント）は作業環境に依存する。印刷の段階で同じ環境が用意されるとは限らないため、入稿する際にすべての書体を画像データとして処理できるようにする加工が、アウトライン化。同人誌印刷の場合は、ほぼ間違いなくアウトライン化は必須の工程となる。

奥付

おおむね最後のページに記される情報のこと。タイトル、著作権者、発行者、発行日、印刷所などの情報が明記される。

表紙

同人誌は、カバーをかけず、本文と表紙のみで構成される場合が多い。そのため商業流通向けの書籍と異なり、表紙が読者の目に触れる最初の部分となる。印刷所に入稿する際には、表紙は別データとして作成するのが一般的。

ＦＴＰサーバー
File Transfer Protocol（ファイル転送プロトコル）を利用してネットワーク間でデータを送受信するためのサーバー、あるいはネットワークサービス全般を指す。入稿データがデジタルの場合、わざわざ印刷所まで出向く手間を省くことができるため、便利。

入稿
直後のセリフが示すように、一般的な同人誌制作過程における「完成」を意味する。同人誌の場合、校正刷を印刷会社に発注するケースはよほどの大手サークルなどではない限りありえず、そのためこの段階でつくり手の仕事は終わりとなる。仕上がりは刷り上がるまでわからない。

COMITIA
年４回開催される、オリジナルの創作物を対象とした同人誌即売会。30年以上の歴史がある。

通常入稿
「同人誌が必要となる（納品される）日時」に対して、印刷会社が指定する「無謀ではない普通のスケジュールで実施される入稿」のこと。これより遅ければ印刷費が高くなる。

すごい！私は割増※で入稿しますよ仕事で時間なくて〜
割増
「時間をお金で買う」という意味の同人用語。印刷所も心得たもので、どうしてもギリギリになってしまう人々のためにこうしたプランを数多く用意してくれている。

仕事を言い訳にしちゃダメって……教えてくれたのは
B美じゃなかったっけ？
あの頃は若かったｗｗｗ

まあ……なんか最近はむしろ仕事のリズムをつくるために同人誌つくってるって気がするわマジで
絶対にこのイベントに同人誌を出そうって思うと自然と仕事もムダをなくそうって気になるのよね
意識高いｗｗｗ

おい……遊びの話はいいが企画書は仕上がってるんだろうな？
じゃん　ぬかりはない
ならよし
働かざる者遊ぶべからず……ってのはC太郎さんに
教わったんですよ
社会人の常識だからな

そして……
遊ばざる者働くべからずってのが俺のルールだ
うまく遊ぶヤツはいい仕事をする
フフ

ふふふ……今月の社長賞もいただきです
同人誌の締切がある期間の私はスター状態
ドヤン

ほんの1年前まで「仕事辞めたい」が口癖のA子さんが……変わりましたね

そうよねー
あの頃は
なにもかもが
つまらなかったなあ
毎週日曜日には
「はー明日会社燃えない
かなあ」って思っていた
もんね
同人誌を
つくるように
なってから……
なんだか
いろいろとうまく
動き出した気が
する……
働きながら
同人誌つくり続けて
本当によかった

A子の語り その1

同人誌という存在と出会っていなければ、私は今でも「仕事のできない、これといって取り柄もない、つまらない独身女」のままだったと思う。それだけならまだいいけれど、ひょっとすると精神のひとつでも病んでいたかもしれない、という気すらする。少なくともその当時は「あー、早く頭おかしくならないかな」などと考えたりもしていた（今からすれば許し難い態度だが）。

いや、きっとおかしくなっていたに違いない。

何もできない自分を嫌悪し、何も起こらない日常に絶望し、何の希望もない明日に懊悩《おうのう》し……そんな灰色の循環を延々這いつくばって進むだけの生活。

そうした時間の流れが、私の小さすぎる人間の器に営々と「毎日をどうにかこうにかやり過ごすウォーター」を湛《たた》え続けてくれただろうか？　これといったリスクを背負おうとしないのに？　ただ不満をつぶやくだけなのに？

やはり、今でもあの頃を思い出すと、私が私のままでいられたとは、到底思えないし、その実現可能性を今もってちっとも信じられない。

やっぱりきっと、すぐに「私を守っていたはずの器」は決壊してしまい、私は何もかもがイヤになり、かといって暴れ回って世間様に迷惑をかける勇気もなかったろうから、そっとイヤらしく笑いながら、社会に媚び諂《へつら》いながら、爆発しても最小限の被害で済むようにストレスを溜め込み、精神を点々と汚し、ゆっくりと人間の澱《おり》の底に沈んでいったに違いない。

というのが、長ったらしくて申し訳ないが、私が同人誌をつくらなかった場合における未来予測となる。だが、私は同人誌をつくるようになったので、そうはならなかった。

断っておくが、そうならなかったからといって、そうなった（かもしれない）未来を私は否定しない。それはそれで「お腹の奥底がヒリッヒリする」ような、ある意味では刺激的な世界として、今この瞬間の私の意識に映り込むからだ。

もちろん、私の自虐的な性癖（そんなもの、本当にあるのかしらといつも疑っている）はさておくとして、（少し先の時間において）そうなろうが、そうなるまいが、厳然として聳《そび》え立つ「こうなっている今」に対して私はすべての責任を負っている。

その義務から逃げる気もまったくないし、それが示す権利を行使しないつもりもやはりない。

「同人誌をつくる私」という人間像は、私の意思の産物であって、私はその選択による現時点での結果を拒まないし、これから生じる変化もまた受け容れる覚悟がある……からこそ、これからも私は同人誌をつくる予定である。

私は同人誌をつくることによって、今を生きている。

明日を生きるつもりであるならば、この行為を終わらせることは……どう考えても、仮に同人誌をつくらない私を私（あるいは私ではない誰か）が無理やり愛そうとしたところで……できない気がしている。だから、私は同人誌をつくるのである。

私がつくる同人誌はあまり売れない。自分勝手なわけのわからない漫画であるから、これはもう仕方のないことだと思う。既存のアニメや漫画はあまり詳しくないから二次創作はできっこないし、エロ要素もゼロ、そもそも絵がちっとも上達しないし、ストーリーにしても破綻した、杜撰《ずさん》な、荒唐無稽な、かといって破壊的勢いに満ち満ちているわけでもないすさまじく地味なものばかりしか、私は思いつかない。つまらない漫画しか、私には描けない。

したがって、私のつくる同人誌はニーズが少ないわけである。

少量の需要に対して思い悩まないための最善手は、供給を少なくすることである。たくさん刷らなければ、たくさん売れない事実に苦しむ必要もなくなる。たくさん売れてくださいと、「しょうもない祈り」に身を窶《やつ》す愚も避けられる。なぜたくさん売れないのかと滑稽な憤怒に駆られることもなくなる。

だから、私は五〇部以上刷ることをしない。同人誌をつくるようになって三年目だが、五〇部以上刷ったことはないし、五〇部以上売れたこともない。たくさん売れて、四〇部ぐらい。あまり売れなければ二〇部程度。それでいいと思うし、それ以上を私は望まない。

この状況に、私は感謝しか抱かない。なぜって、私のような人間のつくり出した同人誌に、毎回数十人は手を伸ばしてくれているのである。数十人は手に取り、読み、しばし思案して（あるいは即断して）、購入に至ってくれるのである（もちろん手に取って読んでくれた上で、買わないという決断をする人もいる。それだって感謝。私の同人誌に一瞬間だけでも興味を抱いてくれたのだから）。ありがたい。

売れたときは本当に嬉しいし、私の同人誌が誰かに読まれているという事実がそこにあるだけで、私はいつでも峻烈《しゅんれつ》に、鋭敏に、感動することができる。その事実の前では、読んでくれる人の数などはあまり問題にならない。

百人だろうが十人だろうが、関係ないのである。

機械ではない生身の人間が、私の同人誌を読んでくれる、私から零《こぼ》れ落ちた何かに触れてくれる、その行為を経て私を知ってくれる……という過程が、私に生きる充足を教える。何もしていなかった、ただイヤイヤ労働に明け暮れていたときには、決して得られなかった感情である。

しかし、私が同人誌をつくり続ける理由は、本当にそれだけだろうか？
いや、そんな感情のために私は生きていたんだっけ？
私が嬉しいと感じる心情、感動したと認める興奮、自己承認欲求への優しい慰撫《いぶ》……たちなのだろうか？　私が同人誌をつくる理由は。
当然、それらが同人誌をつくることによって得られる事実は疑わない。一方で私には、はじめて同人誌をつくったときから変わらないものがひとつだけあり、それは「私のために私がつくる」という思考……だった気がする。

まあ、そのあたりをゆっくりとではあるが思い出していこうと考えている。

私がなぜ同人誌をつくるようになったのか。

そして同人誌をつくることで私がどう変わったか。

私は忘れっぽい性分であり、大事なことほど記憶の彼方に追いやってしまう悪癖があるようで、かなり反省することもあるのだが、しかし、ここ最近は目の前の幸福に飛びついて、ひとしきり堪能し、満足を知るという術《すべ》だけは上達したように感じているのである。

だからこそ私は今、こうやっていろいろと思い出そうとしている。
思い出した上で、今、改めて私が思うことを書き連ねようと思う。
それは単なる感謝にはならないかもしれない。怨嗟《えんさ》のような愚痴かもしれない。当時の心情を思い起こして、恥ずかしくなり、誤魔化そうとする私の腐った自意識が炸裂《さくれつ》するだけのクソが横たわる原稿になるかもしれない。
まあ、何だって構わない。
唯一、断定できるのは、今、私が「ワクワクしている」という現実が、この私であっても否定できないということである。

第1章 起

（第1話）

A子、深夜残業に疲弊し、B美、会社のコピー機を私的利用しコピー本をつくる。

第1話は主人公であるA子が職場にいるシーンからスタートする。

A子の勤務先企業は、少し大きめのデザイン会社という設定だが、自分たちで企画から提案まで行う案件が多く、それがために広告代理店然とした業務も多々あり、ゆえに——忙しい。出版もひけをとらないが、広告関連の仕事は輪をかけて忙しいものである。

あいにく私の力量ではそうした繁忙っぷりを描けず、申し訳なく思うが……ともあれA子は忙しすぎる労働環境にげんなりしている、という前提をここで強調しておきたい。

働き方改革

厚生労働省の公式ホームページによれば「一億総活躍社会の実現に向けた最大のチャレンジ」とのこと。残業は減らないが残業してはいけない空気だけが増えたため、多くの労働者の感情をどんよりとさせることに成功した。

プレゼン資料

紙ならゴミ、パワポなら時間のムダとなるのがわかりきっている、現代日本の労働において最も不必要な存在の総称。このコマのように前日にあわてて用意したところで何にもならない。より不幸なのは、その真実を作成している当人もうっすら気づいている点である。

はあ……
なんにもできない
まま30歳に
なっちゃった
カタ
カタ
ふう……
もう30歳とか
ウソでしょ……

ハァ……
ケツの穴が
かゆい……
スクッ

ヴィーン

結婚とかもしたいけど……ロクな男いないしなあ
どっかに年収８００万超で家事料理が得意でアラン・ドロン似の男いないかな

帰ってこいって両親は言うけどやっぱり東京がいいんだよね
まあ私みたいな低年収独身30女が東京にいたところでウンコ製造機が増えただけ……

はあ虚しい………お尻かこう
ボリボリ

働いて食って寝て起きてクソと愚痴垂れて老けて死ぬだけの人生か……
オナラしてやる
ブッ
はあ……ダメだ全然すっきりしないやる気も出ないしイライラするし仕事も生活もつまらないし……
私はゴミだ

ヴィーン
ヴィーン
ヴィーン
ん?
こんなに刷ったっけ?
サッ
おかしいな
会議資料を
人数分……

はぁ?
好きだ!
いやっ
アイしてるゥー
ダメよそんな……
ガバ
何コレ?
漫画?

イベント
ここでは同人誌即売会のことを指す。同好の士が集い、それぞれの創作を発表する空間。前ページの漫画原稿のようなものから察するに、B美はイベントで頒布するためのコピー本と呼ばれる自家製本の同人誌をつくろうとしていたものと思われる。

ノンケ

同人用語としては「異性間の恋愛や性描写」を意味する他、「異性に対して性的感情を抱くキャラクターの性癖」を指す場合もある。同義語は「ノーマルカップリング」など。

カンプ

印刷用語。「刷り上がりのイメージに近い状態の出力紙」のこと。印刷所に入稿する前の段階であるため、校正紙とは意味が異なる。DTP全盛の現代では、入稿データが製版データに限りなく近い状態であるためか、この段階の出力紙をゲラと呼ぶ人も増えているが、本来は間違い。

オフセット

印刷技法の一種。中間媒体に転写（オフセット）するため、印刷する「版」と印刷される「用紙」が直接接することがない。ゆえに版が長持ちするので、大量印刷にも適しており、印刷も鮮明。現代の「印刷」における最もスタンダードな形態と言えるかもしれない。

むっ……ほんとはオフセットにしたかったけど……
ムッ
先月は出張とかあって忙しかったから…………

だからいつも言ってるでしょー同人誌で大切なのはスケジューリング
ゆとりある入稿※がゆとりある本を生み出すんですよ
プークスクス

ゆとりある入稿

印刷会社に印刷を依頼する場合、当たり前だが印刷のための作業時間を加味した時間が必要になる。入稿タイミングが早ければ早いほど印刷費が安くなるのが一般的。対義語は「**極道入稿**」で特急料金が加算される。

そうだけど……ギリギリまで描きたい※ときがあるんだもん
ムッ

ギリギリまで描きたい

補足するとB美は社長が同じ「明後日のイベント」に参加予定であることを知っており、ゆえにB美は「このタイミングではオフセット印刷は間に合わないのでは?」と社長に指摘している。間に合わない理由として社長は「出張」を挙げているが、本コマのセリフも加味すると「忙しいけど妥協したくない!」という主張も読み取れる。同人誌の制作は（多くの人にとって）商売ではないため、ギリギリまで粘る姿勢は誰からも責められるものではない。

…………
その姿勢は結果として本の質を下げるでしょ？いいものを……
間に合わせるためだけにつくった本なんてヤダ！
私は社長のために発言してるんですぅ！
あの……おふたりさん
会社の機材を私的利用するのはやめてください
ふざけるな！

会社のプリンターは遊びで使うものじゃないでしょ
ふたりのそれは業務と関係あるんですか?
わ……怒られたほら社長も謝って!
どうしてもコピー本※をつくりたくて会社の機材を私的利用しましたごめんなさい
ごめんなさい
ペコリ
ペコリ
コピー本
印刷会社に頼むのではなく、コンビニにあるコピー機などを利用して自分で印刷し、ホチキスなどで製本をするタイプの同人誌。イベント直前に発作的に「つくりたい!」となった場合などに有効な手段。決してローコストというわけではない。
まったく……

もう二度と会社で同人誌※をつくりません
家でつくるようにします
同人誌
元来は同じ思想や目的意識を持つ集団で共有するためのテキストを意味したが、現在では個人で著述し、個人で頒布する種類の冊子全般を指すケースが多い。自分で執筆し、自分で編集する点に特徴を持つ。れっきとした書籍の一種である。

当たり前です
忙しいんだからちゃんと仕事をしてください！
プリプリ

同人誌？なんでそんなものを会社で……もう！会社は働くところでしょうが！
プリプリ

（第2話）A子、飲み会で泥酔し、C太郎、趣味のお人形遊びを見られてしまう。

第2話では、A子にとっての小さな挫折が描かれる。

残念なことに、主人公であるA子は（私と——あるいはあなたと——同じように）優秀な労働者ではない。特別に秀でた能力があるわけでもなければ、円滑な人間関係の構築に長けているわけでもない。したがってA子は、仕事で失敗をしてしまうように、半ば以上義務付けられている。

だが、誰しも記憶にあるように、失敗しない仕事は仕事ではない。優秀な能力の人間のみに「仕事ができる」状態が許される世界ならば、とうに私たち人類は滅びていただろう。より大事な事実は、失敗した後にする「何か」に介在する。

——以上が今回の提案の概要となります

クライアントの意向を踏まえつつ同時に現場の負担も少ない——
現実的な落としどころだと考えます……予算的にも

何か意見や質問※があれば…………

質問
決まった環境で決まった案件を決まった結果に導くことしかできないタイプの日本人が最も苦手とするコミュニケーションの一形態。逆に言えばこう発言することで集団を黙らせることが可能な場合も。

全然ダメだと思うな
つまらない
悪くはないけど悪くないだけっていうか……
平凡ね

……えっと みなさんすみません もうちょっと具体的な指摘をいただけると……
甘えるな
「こうすればもっとよくなる」みたいなポイントがあれば具体案も出せるがつまらない企画にはつまらない以上のコメントが出せない
C太郎は言いすぎよ アタシはA子の誠意は買うけど……このプランじゃお客は納得しないどころかアタシたちを見切るわ

俺が許せないのは「普通にリサーチして普通に問題点挙げて普通に解答を出せば普通に仕事になる」
――っていうのが見え透いているところなんです自分で考えるのがイヤなら辞めろよ
まあまあ私は悪くないと思ったよ――相手が昨日と同じことをしたいと思っているだけならね
ただまあ今回のA子君の企画はダメだ
…………力不足でした
シュン

A子ちゃーん
飲みに行こうよ
……私はさっきの
プレゼンの反省点を
まとめたいんです
けど……
そんな
無意味な
ことしなくて
いいから！
それより今日って
A子ちゃんの
誕生日でしょ？
おごるからさー
パーッと飲めば
いい企画もパッと
浮かぶかもよ！
…………
わかりました

居酒屋にて――

なんで俺まで……
早く帰りたいのに……

まあまあA子ちゃんの誕生日を祝して
かんぱーい

A子も30代か
いよいよ女本番ね
ゴト

さあ飲むわよ
ゴッゴッ

飲みます
ンクンク

おいおい……
みんな明日が土曜日だからって飛ばしすぎは……

……いいでしょ 飲んだって
ゲフゥ
どーせ私は つまらない 企画しか 考えられないし
……おいおい ムリはよせ
ンクンク
はやっ
……いいのよ 酒しか愛せない 夜があっても
カラッ

……そうです 30になっても ロクに仕事が できない――
つまらない人間 なんですから 私は…………
ハァ…… 働くのも――
つまんないな
……別にそれも いいと思うわ
2杯目
仕事以外の 時間をエンジョイ できるのならね
生きるのが つまらなくなったら 終わりだけど
ゴッ ゴッ

2時間後

ぐぉー
すぴー
見事に つぶれたわね
……ガンガン 飲んでたから なあ
ストレスね しかも解消法を 知らないまま
いけません なあ……

哀れなヤツ…………
……だったらアンタが介抱してあげて
えっ？イヤですけど
……アタシと朝までコースとどっちがいい？
もちろん第3の選択肢はないわよ？
つまらない女をおもしろくするのも…………
男の仕事よ
…………わかりましたよ
まったく俺も忙しいのに……

第2話　Ａ子、飲み会で泥酔し、Ｃ太郎、趣味のお人形遊びを見られてしまう。

土曜日の午前2時

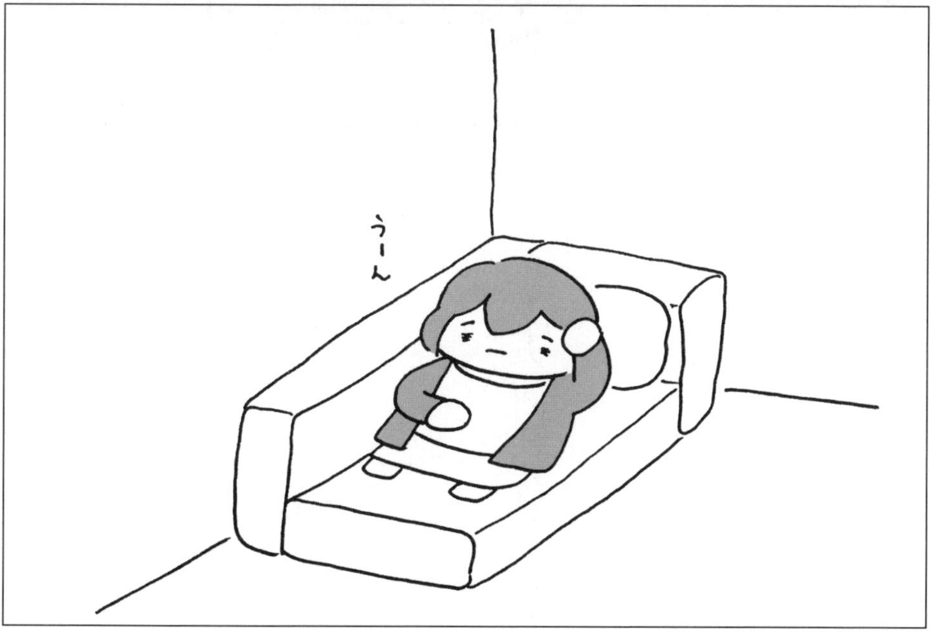

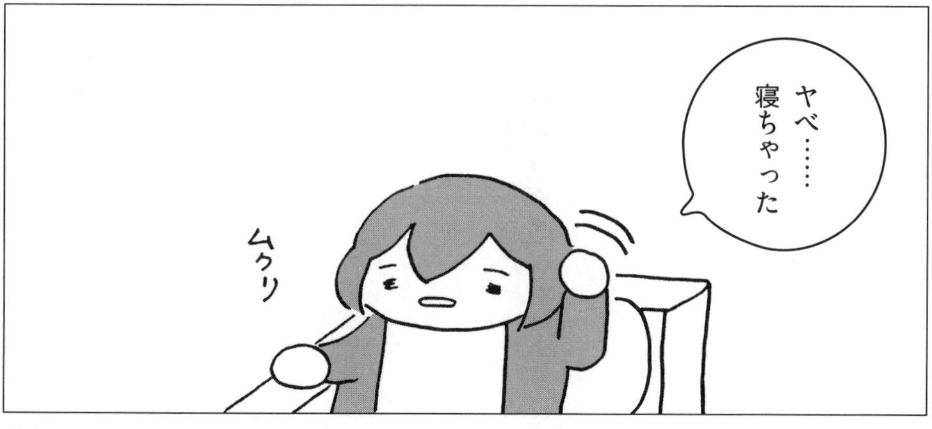

ここどこ……
ムクリ
んもー Cくんったら あんな年増女を 連れ込むなんて！
！
プレミアム フライデーは アタチたちと チュッチュするって ルールでしょ！
？

何が起こって
いるのかしら?
そーっ
C太郎の
声のような気が
したけど……
いやあ
ごめんごめん
気を悪く
しないで
くれよ

ううんCくんは
悪くないわ
クソみたいな命令を
する上司がクソなのよ
そうそうCくんは
かわいそうなだけ！
元気出してね
なでなでしてあげる
（裏声）よしよし
好きなだけ
甘えていいのよ
ニタァ
（裏声）大丈夫
Cくんはいつも
間違ってないもの！

…………!!
えっ……
ごめんな ホントは今夜は ファッション ショーをする 予定だったのに
気にしないで Cくん! 無事に帰ってきて くれただけでも 嬉しいんだから
そうよCくん 愛してるわ チュッチュッ!
あらあの女が 起きたみたい

……いやその
ああ……
（裏声）ほんっと無粋な女ね！Cくんの休息を邪魔するなんて！
……起きたかじゃあ帰れ
あらCくん一応お客さんなんだしお茶ぐらい出してあげたら？
ほっときなさいもてなす必要なんてないわ
今だって呆《あき》れた目でCくんを見てるし！

……………
酔いはさめたか？

思いっきり……

朝まで眠ると
思って油断した俺も
悪いが……弁明は
しないぞ
勝手に呆れてくれ

お人形遊びは俺の生きがいだこれがないと俺は生きていけない
逆に言えばこれがあるからこそ俺は営業成績ナンバー1の「仕事のできる男」でいることができる
生きる理由のすべてなんだ
……はあ
誰よりも会社に貢献している俺が金曜の夜にお人形と遊ぶ……悪いか？

写真集
ここでは自分で撮影した写真を収録した同人誌のこと。紙媒体のものもあれば撮影データを収録した光学ディスクなどもある。

——というわけで
タクシー代を渡す
からできれば今すぐ
帰ってほしい
わかりました
……お忙しい
ところすみません
でした……
……ところで
お人形を撮影して
写真集を出して
どうするんですか？
どういう意味？

子供は成長するから写真を撮るのもわかる気がするんですが
お人形は大切にしていれば汚れないし目の前のホンモノを見ればいいのでは？わざわざ写真集をつくるのはなぜ？
いい質問だな答えはふたつある
ひとつは**自慢**だ俺のお人形たちの可愛らしさを多くの人々に伝えたい
俺の愛情の量を誇りたいという気持ちもそこには含まれる
もうひとつは**確認**――俺自身のお人形たちへの愛を確かめるため……
愛をカタチにして残すんだ……愛は変わりやすいから

同時にそれが現時点での俺の生きる理由でもある――生きていると感じられる人生を生きるために選んだ方法なんだ
お人形たちを愛しお人形たちを記録に残す作業そのものが
…………
お前は生きていると断言できるほど「生きている」か?
いません
だろうな

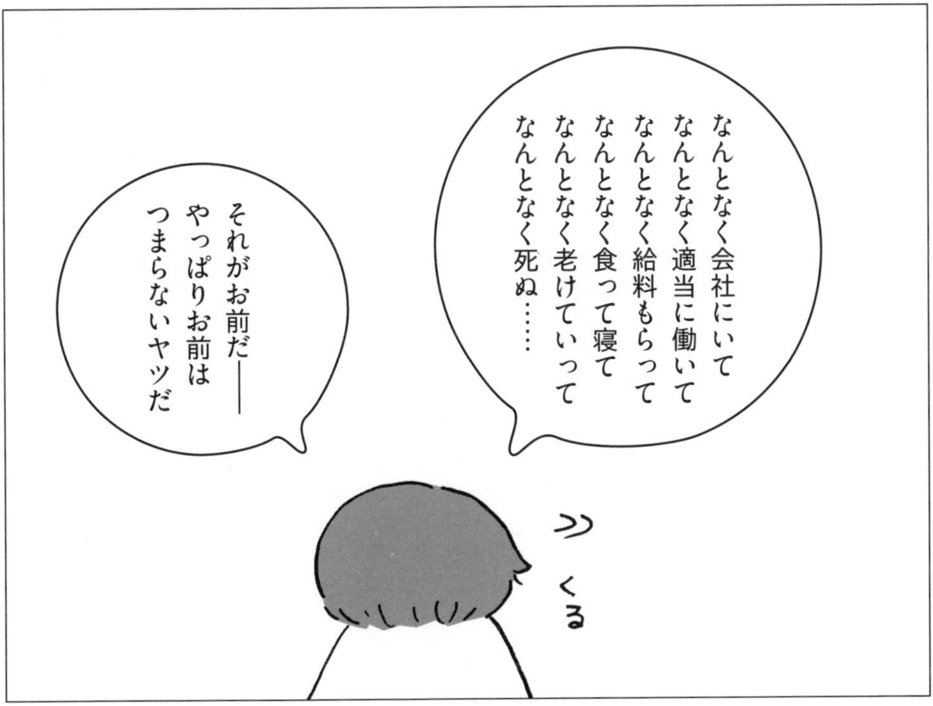
なんとなく会社にいて
なんとなく適当に働いて
なんとなく給料もらって
なんとなく食って寝て
なんとなく老けていって
なんとなく死ぬ……
それがお前だ――
やっぱりお前は
つまらないヤツだ
くる

……なので最近は
早く戦争でも
起きないかなって
思ってます
やだよお前だけ
じゃなくて俺まで
死ぬ可能性がある
だろうが戦争は！
……もういい帰れ

（第3話）A子、土曜日の払暁に熟考し、B美、月曜日の早朝に相談を受ける。

第3話は、A子が決意する瞬間の描写である。

C太郎とのやりとりを経てA子は思考し、思案し、ある決断をする。唐突な舵取《かじ》りの背後にあるものについては、後段のA子の述懐を参照してほしい。

第3話に至って、ようやくA子は主人公として、本書の表題にもある「同人誌」制作を志すわけだが、まったく申し訳ないことに、まだA子は同人誌制作に着手しない。具体的に何を書くか、何を描くか、何を編むか……そういった要素を整える段階にA子はまだ達していない。そのあたりは第4話以降で明らかになる。

土曜日午前5時

C太郎のヤツ好き勝手言ってくれて
私がつまらない人間だと誰か困るのか？
……開き直っても虚しいだけか
じゃあどうすればいいのかな？
つまらない人間にならないためには……
お笑いキャラでも目指す？

いや……違う C太郎だって これといって
おもしろキャラ ってわけでも ないもん
他人からの 評価じゃないの かもしれない
私が私自身を つまらなく 感じていることが ダメなのかも
……だって つまんないもん ……毎日
お金で刺激を 買う歳でも ないしなあ

B美はなんか楽しそうだったな
趣味があるから楽しいのかな
趣味かあ……ないなあ……なんにも
ていうかB美もC太郎もなんか充実したオーラ出てたなあ
……充実……してないな仕事も生活も
このままでいいのか……

いや……
よくない
なんかしたい
つまらないって
愚痴りながら
死ぬのはイヤだ
私には
なんにも
ないけど……
なんにもない
ままオバサンに
なるのはイヤだ
なんにもない
からこそ……
なんでも
できるって
考えもある?

仕事もダメだし特技もないけど……
私が私を楽しむ自由はあるはずなんだ
30歳になったことだし……やってみるか
なんにもない私がつまらない毎日をぶち壊す儀式を
……よし

月曜日

ねえB美
ちょっといい?
ドッフゥ~
神絵師の
新作ぅ~
フンス
フンス
ねえってば
ハッ
ちょっと
教えてほしい
ことが
あるんだけど
な……
なんです?

同人誌ってつくるの楽しい？
楽しいですよ仕事や生活を犠牲にしてもいいってくらいには
犠牲にしてるの？
まあ結構少なくとも仕事よりは
ずっと大切なワークです
なるほど……B美はジョブとワークを分けてるわけね
ところで……同人誌って私でもできると思う？

同人誌は
できるかできないかじゃありません
つくるか
つくらないか……です

A子の語り その2

あの夜のことは強く覚えている。つまらない飲み会のまずい酒のおかげで泥酔してしまい、飲み会の場で何を話したか、飲み会の前にどんな気分だったか……などはすっかり忘れてしまったが、飲み会の後、C太郎が私に対して何もせず、頭の大きな造形の人形たちばかりを構い、私にひとしきり悪態をついて、私を追い出しやがった……のは覚えている。忘れられない。忘れられるわけがない。

おそらくだが、あの夜、私は手に入れたのだろう。

一定以上の強度を持った、純粋で正当な怒りを。

愚痴や不平不満ではない、衝動としての怒りを。

その意味ではC太郎には心の底から御礼を言わないといけないわけである。あの夜の彼の巫山戯《ふざけ》た言動がなければ、私はおそらく、怒りを体現する決意……同人誌をつくろうとする動機の端緒に至ることができないままだったろうから。

タクシーでひとり、自宅へと戻った私は自覚する。C太郎の言葉に、あの腹立たしい態度に、恥ずかしくなるぐらい揺さぶられていた私を。

私は迷っていた。

私がこれといった熱量もなく、ただ他に選択肢がないという理由（これは厳密には嘘《うそ》であって、私にはいくつも「進もうとすれば進める道」があった。まあ、進みたくない、あるいは進む勇気がないなどの言い訳で私はそれらを忌避しようとした……忌避するだけの気概はあったのである、きっと）で漫然と過ごしていた生き方が、C太郎に否定された……というよりも、これっぽっちも認めてもらえなかった、その衝撃が、私に迷いを生じさせていたのである。

悔しかった。

何がって、私の読みが外れたことが、とてつもなく悔しかったのである。

私の推測では、私のような「惰性で生きている人間」を、C太郎のような仕事がずば抜けてできる人間は、「世の中優秀なヤツばかりじゃない。無能な人間もいてこそ、社会は成り立つのだ」といったような理屈で、認めるというか、許すというか、寛容の精神でもって受け止めてくれるとばかり思っていたのである。

どっこい、その推測は甘く、惰性人間をC太郎は許さなかった。無能であっても無力であるなと私を言葉で殴《なぐ》ったのである。

うるせえ。

私はそう思ったし、思わなければならなかった。

C太郎の言葉をすんなり受容してしまい、無能であるばかりでなく、無気力で無神経で、よりいっそう罪深いことに無精神性を貫いちゃう駄女である私を、私自身が肯定的に許した瞬間、私は終わる。

いや、意地なんてからッきしないから、生産性のある人間であるか否かという問題提起においては成立する余地など最初からなく、つまりもとより終わっている人間である、私というものは。

ただ、そうした非生産性を嫌っている心理をも終わらせたら、私はもうとりたてて私である必要などどない、性能の低い自律型非秩序ＡＩとして残り少ない（とも言えないから余計に気が滅入る）自意識と他者評価との擂《す》り合わせ緩慢ライフを過ごさなければならなくなる。

これはきつい。精神的にはもちろんだが（そして、そんな風にもっともらしく痛むような精神性を持ち合わせていないことは重々承知しているが）、体力的により厳しい。何もない女には、精神の寄る辺たる肉体もまた、ない。となるともう、これは単純に脊椎動物として呼吸し続けるのが難しいレベルで生きにくくなる。

それは拒みたい。無能なクズ女とどれほど蔑まれても構わないから、その沼にだけは浸かりたくない。無価値の動物なりに、生きたと言える人生を生きたいと私は痛切に願ったのである。

私は多くの人がそうするように、私が私を救うためにできる何かを目の前のあまり多くない要素から、できるなら効率的にピックアップしたいという欲望に従い、B美の門を敲《たた》くことにした。

私は私を救えるか？

私の疑問に対するB美の簡潔な答え、「つくるか、つくらないか」は、「手を動かしたい」という、とても稚拙な、計画性に乏しい、行き当たりばったりの私の希望とも呼び難い切実な祈りを的確に称揚してくれた……ように感じた。

B美はジョブとワークを分けている。B美においては「会社員としての労働」はジョブなのであり、「寸暇を惜しんで、それこそ会社のコピー機を私的利用してまでも挑戦しようとする同人誌づくり」はワークなのである。

この使い分けを、私は理論としては知っていた（つもりだった）が、実践の方法、実行の意義、実現の価値……をそれぞれまったく知らなかった。経験則として知りえない生き方を重ねてきてしまっていたのである。ジョブはいつだってワークに優先されるものとして私は選択を繰り返し、判断を積み重ね、自分の進路を決めてきた。何を学ぶかというワークは後回しで、まずは大学合格を目標とし、大学生というジョブを手にする。何をするかというワークは他者（会社）に委ねて、とりたてて何も考えず就職活動のための就職活動を繰り返し、なんとか会社員というジョブに就く。それが私の人生だった。

ジョブありきでワークについては考えない。考えたくない。ジョブとワークを同一化させるタイプの努力は端《はな》から放棄していたし、そうした世界に飛び込む勇気はなく、正直に言えば憧れもなかった。

だから、会社員というジョブを得て、みんながするように普通に生きるというワークを懸命に履行する。その指針を私は疑おうとしなかったし、疑わない段階では、さして苦痛でもなく、あるいはその指針に従えない、従う能力がない人々を眺め見ることで自分を正当化し、「まああんまり楽しくもないけど、間違っちゃいないんだ、リスクがないことが大事なんだから」と自分に言い聞かせ、よしとする。

そうすることで、「おいしくないヌルい空気」を吸い続けることに成功した。

それが私の生活であり、それが私の人生でもあった。

だが、B美はジョブとワークを混同していない。

ジョブとワークを強引に同じものとして箱に収め、それらしい理屈で「ライフスタイルごっこ」に興じることをしていない。私が軽蔑する方法論を採択せず、私が諦めていた理論を人生において実践している。ワークを見つけていること自体がすごいし、そのワークのためにジョブをジョブと割り切っている姿勢も私には真似ができない。

私はまだワークを見つけられない。一夜の発奮を動機に動き出そうと志したが、それだけであって、まだ何もない。何も手にしていない。スタートラインにすら立っていない。

夢と職業名が同義になる狂った国で、乾いた日常（これだって、自己責任である、どこからどう見ても）に喘《あえ》ぐ労働者の私は、今こそワークとジョブの決別を図らねばならない。だって、もういい加減しんどい。不満をこぼすだけのおばさんになりたくはない。私の仕事は誰にでもできる。

ジョブとワークを「みんながしているように（と思っている私の狭量な意識もまた十二分に問題を抱えているとは自覚しているが）同一化させていた」私のやり方を、私はそろそろ否定したい。私の仕事はつまらない。労働者としての私はつまらない。そのつまらない私を、私は殺したい。

当面はB美を師匠と仰ぐことにしよう。C太郎はどうにも傲慢で怒りっぽいし、嫌われている感じがするから避けるとして、社長もあんまりお近づきになりたい予感もしないから、手近なところでB美。でも、現状の私にはB美しかいないわけだから、B美は他に代わりの利かない、私にとっての最高の師匠となる。

とりあえずは師匠に「同人誌のつくり方」の教えを乞うて、しっかり教わって、よき生徒となって、私が私のワークに踏み出すための、第一歩とさせてもらおうじゃあないか。

COLUMN 1

漫画同人誌を描いてみよう!

二次創作とオリジナルの違い

自分で内容を考えてつくる同人誌が「オリジナル」、既存の作品（漫画やアニメやゲームやライトノベルなど）を原作とし、そこに登場するキャラクターなどを使ってつくる同人誌が「二次創作」です。本書ではオリジナルの同人誌について語る側面が多くなっていますが、別に二次創作的同人誌を否定するわけではありません。二次創作のコツというか肝は、原作への愛。原作で語られなかった側面や原作のストーリーとは異なる展開を自分でイメージしない限り（イメージしたいと思わない限り）、二次創作の同人誌はつくれません。愛をぶつけたい、**愛を語りたいと思えるような作品に出会えたら、二次創作にチャレンジするのも楽しいでしょう。**

技術よりも情熱

二次創作の特徴は、読者が作者のテクニックよりも愛の深さを見てくれる点に尽きます。下手でも未熟でもいいのです。「私はこの作品が好きだ!」という想いに溢《あふ》れていれば、それが必ず評価されます。逆に言えばそれがないと、どれほど絵が達者でもそっぽを向かれてしまいます。

愛を語る楽しさ

二次創作系同人誌は、開催される同人誌即売会の多さにも特徴があります。流行に左右されるため、どんな作品であってもイベントがある……とは限りませんが、その時点で人気の作品に対しては、ほぼ必ずイベントがあると言えます。そうした場に参加して同人誌を発表すれば、同好の士と出会うことが可能です。**同じ作品を愛する仲間との出会いは、端的にモチベーションの向上に繋《つな》がります。**するとまた新たに同人誌をつくりたい気持ちが湧き上がり……継続的な同人活動が可能となります。余談ですが私もかれこれ七年近く、「アイドルマスター」や「アイドルマスター シンデレラガールズ」で同人誌をつくり続けています。

同人誌をつくる楽しさに触れたければ、二次創作をしてみるのも手だよ!

第2章 承

（第4話）A子、同人誌をつくることを決意し、B美、心構えについてひとくさり語る。

第4話はA子の決意からスタートする。

第3話において、B美から「つくるか、つくらないか」という問いを突きつけられたA子は、「つくる」を選択した。だが誰もが知っているように、道の選択はゴールに直結する行為ではない。

一方で、道を選ばない限りは、ゴールに到達することもない——という事実は動かし難く存在する。A子の自覚はさておき、スタートラインに立っただけでもA子にとっては確実な成長を意味し、なおかつ本書もようやく主題とでも言うべき「同人誌の制作」に物語を移すことができた。安堵の瞬間である。

同人誌をつくろうと思うんだけど
……同人誌って何?
ちょｗｗ根源的問いｗｗ
んー……自分でお金を出して自分の好きなようにつくる本のこと……ですかね
……好きなようにつくるって要するに……自由ってこと?
私は自由が苦手
ルールがないと何をしていいかわからないタイプなんですね
ダメな日本人の典型

そうかもー
「作法」があれば
趣味っぽいし……
とっつきやすい
それさえ守ってれば
「同人誌になる」って
「作法」を知りたいわ
そんなもん
ありません
どこまでも
「自由な本」が――
同人誌
なんですから
……やはりか
A子さんは
まずは同人誌を
知るところから
やりましょう
今夜は予定
空いてます？

提案書
相手企業に対して「我が社ならこんなことができます」とアピールする資料。アピールに成功すると、相手が「クライアント」に進化してくれる。Ｂ to Ｂ案件が大半を占めるＡ子の勤務先では、恒常的に作成されるアイテム。成否が売上に直結するため、提案書の作成は非常に重要なタスクであり、受注後の実作業よりも真剣に取り組むこともしばしばある。

同人誌屋さん
即売会などのイベントで刊行・頒布されることの多い同人誌。しかし、書店の中には書籍のように同人誌を取り扱う店舗も存在し、Ｂ美の言う「同人誌屋さん」もそうした店舗を指している。80年代から台頭をはじめた漫画専門の書店がその源流と言われている。

よし決めた！残業しないで同人誌屋さんに行くことにする
どうせ残業しても終わらないしな
いい判断です……それからA子さんは夜までに……
「ぶっ殺したいヤツ」をひとりだけリストアップしてください

ぶっ殺したいヤツ？
どうして？
憎たらしいヤツとか
嫌いなヤツじゃ
ダメなの？
ダメです
それじゃあ
足りません！
同人誌っていうのは
怒りを材料にして
つくるんですから！
なんだこいつ
いきなり大声
出して……
ふうん……
そうなんだ

……でもそれは同人誌とどんな関係があるの？
ぶっ殺したくてもぶっ殺すわけにはいかないでしょ？だから——
同人誌の中でぶっ殺すんです
それが動機になるんです……同人誌づくりの
なるほどねーそれぐらい熱い想いがないと——
同人誌はつくれないってことか……
わかったわ

おい
B美は……私には
「覚悟」や「真剣味」が
足りないって
言いたいんだろうな
おいこら
お人形遊びを
していたC太郎も
すごく真剣な表情
だったなあ……
おいこら
聞いてんのか！
覚悟……か

あ……C太郎さん
どうしたんです？
どうしたじゃねえ
頼んでおいた資料は
できているのか？
……資料？
忘れていました

……あのなあ　お前が無能なのは　お前の責任だ　だから——
ゲップが出るまで　好きなだけ無能で　いてくれ
だがな……無能な　お前が会社に存在　する事実は会社の　責任になるんだ！
だから最低限　やるべきことは　やってくれ！
……はい　すみませんでした
……次からは　気をつけます
よいしょ

カタ
カタ
はあ……うっかりしてた
カタ…
……うっかりしたっていいよ
……って優しく全部許してくれる人ってどこかにいないかなあ
C太郎もいつもあんなに怒って疲れないのかな
C太郎は私をぶっ殺したいと思っているかもしれないな

そうか……C太郎にとっての私はぶっ殺したいヤツだとすれば
C太郎の動機がそこにあるって推論も成り立つかもしれない
……そこまでの強い感情を何かに持った経験が私にはない
自分に対して変わりたいって思いはあるけど
からっぽだな……私は

まあ何もないのは
事実だし
変えようがない
……うーん
どうしたものか
何もないってことに
腹をくくるか……

A子の語り その3

覚悟を決めるのは簡単だ。「棄《す》ててもよいもの」をこれでもかと並べて、片っ端から小突いて踏み潰して唾吐いて蹴飛ばして屁の一発でも放《ひ》り出せば、「棄てた」という気分になれるし、そうすりゃ他人はともかく私は私をベロンベロンに甘やかせるし、よくやったと褒めたりアンタは偉いと慰めたり、いろいろとやりようはある。そうしたお手軽な覚悟の塗り固め方なら、私は不自由していなかった。

でも、それで何が変わるだろう。何も変わりやしないのである。クソまみれのケツを自分で舐《な》めて、瞬間、綺麗になったところで、ブリブリ垂れ流すに決まっている一時間後の未来を否定できる道理はなく、つまり、いつだってクソ。

クソまみれでいられる唯一のメリットは、自分が何も持っていない現実から目を背けられることだが、「何もない？　冗談はやめてください、こんなにクソだらけなのに」と繰り出す言い訳の虚しさにもそろそろ飽きてきた。

だから私は決意したのである、同人誌をつくろうと。

正直に言ってしまうと、私は予測していた——こっ恥ずかしい思いが私のつまらない

（虚栄心に凝り固まった）自意識のようなものを、背中がヒリヒリする感じで痛めつけるだろうことを。自己表現などという、これ以上ないくらい私がこれまでの人生で避け続けてきたワードを、どの口で咀嚼《そしゃく》すればよいのか、そのときは（……実は今も、あまり）わかっていなかったからだ。

——というセリフすら、私にとっては自意識のオムツで、漏らしたり零《こぼ》したりするのを未然に防ぐ意図しかない弁解である。私は私の考える「かっこ悪くて薄ら寒い私」になりたくなかった、どうしても。

そんな身分を受け容れなければならないぐらいなら、仕事のできない三十路《みそじ》メンヘラババアに堕すつもりだった（過重労働を言い訳にしたり、社会のせいにしたり、いくらでも病名をくれる現代社会に甘えきって、薄っぺらい病人になってみたり……しながら）。

こういった態度の人間は、できない自分を許さない。

つまらない毎日をポエムにしちゃう気恥ずかしさ以上に、「やってみたけど、全然ダメでした」とうなだれる、背中がじんわり汗をかくタイプの気まずさを憎むものと相場が決まっている。私がそうであるように。

なので、きっと「同人誌をつくる」という決意の中にも、私は「同人誌をつくれなかった」自分、より詳しく語ると「おもしろそうだからやってみたけど、難しくてできませんでした……少しはがんばったんだけど」とニコリ微笑《ほほえ》む（いや、でも三〇歳だしなあ、もう）自分をデザインしていたはずである。

ところが、そんな打算的態度……オバサンの惨めな計算は、しっかりB美に見抜かれていた。おそらく当初から看破されていて、だからこそB美はあんな風に私にアドバイスしたのだろうと思う。

ぶっ殺したいヤツ——そんなもの、いやしない。今だっていない。こちとら腐っても平成一桁生まれ、戦後民主主義風リベラリストは「みんないろいろな考え方があるよね」と鼻で笑って「現状維持」がモットー、「敵」と「戦う」なんてタブーもいいところで、昨日と同じ日々を延々繰り返したい平和主義者が私である。

いや、だからこそ、B美の主張が私を揺さぶったのだろう。

怒りが表現の動機になる……なんて私は知らなかった。怒りはストレスを産み、ストレスは消費で解消される、というルーチンワークしか経験のない身に、B美の声は大きく鳴り響いた。

なるほど、それならできそうだ。花が美しいと思っても私の言葉は生まれない。だが、演技ではない怒りがあれば、手を振り上げる仕草はできる。

さて、これ以上長くなっても、またぞろ言い訳魔神、自己肯定お化けが顔を出すに決まっているので、結論を急ごう。

ぐるぐると思いを巡らしてみて、現段階に至るまでの道筋で私が見つけた唯一のぶっ殺したいヤツとは、私自身である。

ここまで述べたような、頭の天辺《てっぺん》から足の先までダサい私を殺したい。

変われない自分に言い訳をするしかできないヌルい私を殴り殺したい。

つまらない毎日の責任がつまらない自分にあると発見した私をぶっ殺したい。

こうして私は準備を済ませたわけだが……無論、この時点では、私は私のままだった。

あっさりとぶっ殺せる相手ではないし、そんな銃も持っていないし、じわじわなぶり殺しにしたほうが、私は私の未来に愉悦を届けることができるのである。

（第5話）A子、B美とその恋人D輔に案内されて、いろいろな同人誌を購入する。

第5話において、A子はB美とその恋人であるD輔とともに、「同人誌の勉強のため」に書店へと足を運ぶ。

作中に登場する書店は、「漫画を多く扱う書店」であり、その一環としてかなりの量の「同人誌（二次創作系は少なく、オリジナル系が多い）」を販売している、という設定。同人誌文化の奥深さに触れようと思えば、たった一度専門書店を訪れただけでは到底足りないが……とりあえず、最初の一歩をA子が踏み出したことをここでは強調したい。

定時（18時）あがり

漫画専門店
商法上そういった名称の分類があるわけではないが、漫画のみを集中的に展開する書店をこのように呼ぶ場合がある。商業誌で連載されている漫画作品の単行本だけではなく、同人誌や各種グッズ、映像ソフトや音楽ソフトなど、多角的、網羅的に漫画文化の全体像を提示する業態が特徴。

新刊
ここでは「あるイベントで頒布された同人誌が直近に刊行されたものとして書店において委託販売されている状態」を意味する。版元から取次を経由して書店にて販売される通常の出版流通のルートとは異なり、初版発行日と店頭販売日に一定の差異がある。もっとも、大手サークルの同人誌などはイベント直後に書店搬入されることも珍しくない。

買い逃した
同人誌は一期一会。発行部数の少なさ、非常に限定的な頒布ルートなどから、同人誌は「入手が難しい書籍」の典型である。漫画専門店が同人誌を取り扱うのもそうした難易度に対するユーザーのニーズに応えるため……という見方ができなくもない。

誰が読むんだこんなの
最大公約数的な読者像に配慮する必要などないのが同人誌の最も優れた特徴である。したがってコアすぎる話題や超マニアックなネタなども堂々とテーマとして成立する。むしろどれだけ奥深く専門性を突き詰められるか、個人性を極め抜いたフェティシズムのようなものを提示できるか……などが同人誌の魅力を形成する。

……『サボテンを愛する99の方法』
99もあるの？
……『右手中指第二関節複雑骨折日記』
クッソ痛そう……
……『ミニ・メロン』
うわ……なんて素敵な絵なんだ

思わず10冊
少しでも「おもしろそう!」と思えば購入するべきなのが同人誌。複製数に限度があり、図書館などに納本される種類の書籍でもないため「あとで買おう」は禁物。同人誌は重版出来の可能性も低いため、せっかくの出会いをフイにしたくなければ、迷わず購入するようにしたい。

二次創作
著作者が発表した作品（原作）が、第三者の独自の解釈や推察等によって、原作とは異なる作品になる状態および作品そのものを総称してこのように呼ぶ。語源は原作を「一次」と定義することから。D輔の発言を補足するならば「二次創作には、登場人物をはじめとしてある種の『お約束』があるのに対し、オリジナル同人誌は束縛が少ないからこそ自分で考えねばならない要素が多くなる……ので難しい」というところか。

一方で自由がなければ同人誌でもないわけです
だからまずは自由と思い切り取っ組み合ってください
A子さんならガッツリ自由とケンカできますよ……きっと
同人誌ができたら連絡してくださいイベント参加の方法とか教えますから
……よろしくお願いします

A子の語り その4

ガイドをしてくれたB美、そしてB美の恋人のD輔氏には、改めて、この場を借りて感謝を捧げたい。当たり前だが同人誌について何も知らなかった私は、同人誌をつくるよりも前に、同人誌について詳しく知るべきであり……このときに同人誌文化の一端に触れられたのは、本当に幸せだったと思える。ここで出会った同人誌たちは今でも私の貴重な資料として、愛すべき本たちとして生きている。

参考までに、このときに私が手にした同人誌から、印象深いものを紹介していこうと思う。

嫁納豆　著：みつかいどーF　発行元：みつかいどーハウス　発行年：二〇一五年

納豆嫌いの嫁を納豆好きにさせるまでの日々を克明に記したドキュメンタリー漫画。可愛らしく描かれた嫁と、嫁の示す納豆へのすさまじい嫌悪感のギャップが最高。よくある夫婦エッセイとは一線を画す迫力は、著者の尽きることのない納豆への愛の為せる業《わざ》か。「納豆と私、どっちが大事なの！」という嫁のセリフへの著者の返事がまた泣かせる。

亀裂　VOL．5　著：蔵本城未　発行元：街角考古学会　発行年：二〇一六年

都内の道路に敷設されたアスファルトに走る亀裂をひたすら撮影した写真集。著者は高校の体育教師で、体力には自信があるらしく、ほぼ徒歩で回ったであろう行動半径の広さは圧巻。写真のクオリティも高く、ノスタルジックなだけではない、濃厚な情景が香り立つ。「観察」という行為が、表現を考える上でいかに大切かを私に教えてくれた一冊と言える。

コラージュ小説／ラビロタの祝砲　著：東ニッサ知　発行元：二塁打　発行年：二〇一三年

スポーツ新聞四紙をコラージュしながらつくりあげた短編小説。作中の文章、言葉のすべてを新聞紙面の活字から拾って構成する……という何の苦行だよと突っ込みたくなるようなルールで書かれた不思議な小説は、字面の妙な迫力と強引な言葉遣いなど（登場人物の名前が「率」だったり会話の語尾が「するん打」となっていたり）があいまって、不思議なおかしさに満ちている。内容は幻想怪奇小説といった具合で、そこそこ怖い。

新小岩戦記　著：東葛飾のジャニス　発行元：書肆絶望　発行年：二〇一六年

異世界人が二二世紀の新小岩に転生し、魔法バトルを繰り広げるという、反異世界系スチームパンク風近未来ＳＦアクション小説。これでもかと古今東西の名作映画のパロディを詰め込んだ構成は、当初私にはちんぷんかんぷんだったが、同人文化に詳しくなるにつれて理解が深まってきた。サブカル・リテラシーの教科書としても秀逸な一冊。装幀《そうてい》に凝っており、ホログラムPPや表2・表3への二色刷りなど、印刷面においても私に豊富な知識を提供してくれた。

シュノーケリング・セックス入門

著：桑鬼87　発行元：モブおじの館　発行年：二〇一七年

どのようにして水中という状況下で愛の営みに専心できるかを、シュノーケル装備・水着着用の男女が懇切丁寧に解説してくれるハウツー本。アクロバティックな体位は、重力に囚われた通常のセックスにはない官能への憧れを呼び覚ます。写真の美しさ、エロさもポイントで、眺めているだけでも飽きない内容になっている。同人誌としてはかなり売れたほうらしく、私の購入したものは、第七刷となっていた。読者のニーズというものを私に意識させた教科書のひとつである。

まだまだ他にも語りたい同人誌は山ほどあるが、とりあえずはこのぐらいにしておこう。

※筆者注：本書で紹介される同人誌は、すべて架空の作品であり、実在しません。

（第6話）A子、漫画を描きはじめるも、考えながら描くことの難しさに苦心する。

第6話では、いよいよA子が筆を執る。

本書のタイトルに相応《ふさわ》しいよう、A子という主人公を通して「同人誌の基本的なつくり方」を読者にお伝えできたらと思うものの——いかんせんA子のキャラクターは、地雷を踏んづけてから、地雷の位置と恐怖を知るタイプなので、いかにも王道の方法論とはならない……かもしれない。

ただし、A子の失敗は、それが同人誌という長い道を進もうとするがゆえの失敗であるからこそ、いくつかの面で参考にはなる……はずであり、失敗を学べる点もまた、本書の醍醐味である……と筆者は考えている。

自由とガッツリケンカか……どうケンカしようかなあ……悩む
あえて不慣れなところを攻めてみる……とか
漫画でも描くか

漫画とか描いたことないけど……
簡単な絵なら私でも描ける気がする
問題は何を描くか……
B美は「怒りを材料にしろ」って言ってたっけ……
自分への怒り……かなやっぱり
無為にアラサーライフを過ごす私が許せない

画用紙

英語名の Drawing Paper が示すように、絵を描くための支持体となる用紙全般を意味する言葉。一般的な特徴として水分への耐性に優れており、インクや水彩絵の具などとの相性がよい。ケント紙などを除くと、たいていの画用紙は紙肌に凹凸を持つが、漫画は印刷される（原稿が製版される）ことを前提としているため、通常は平滑度の高い紙が推奨される。

筆ペン
毛筆のようなペン先を持つペンの総称。ペン本体にインクが内蔵されているため、墨を摺ったりする必要がない。漫画を描く際にどのような画材を用いるかは、人それぞれであるため正解はないが、一般に筆ペンは筆跡が太くなる傾向にあり、小さな画面に精細な描写をするためなどには不適切かもしれない。描線に強弱をつけたい場合や、絵に和風のテイストを含ませたいときなどには重宝する。

キャラクター
物語構造における行動する主体を指す。漫画も一種の物語である以上、どのようなものであれ、いないよりはいたほうが断然よい。キャラクターの魅力次第で物語の方向性がかなり変化するため、可能な限り丁寧に設計するべき要素。

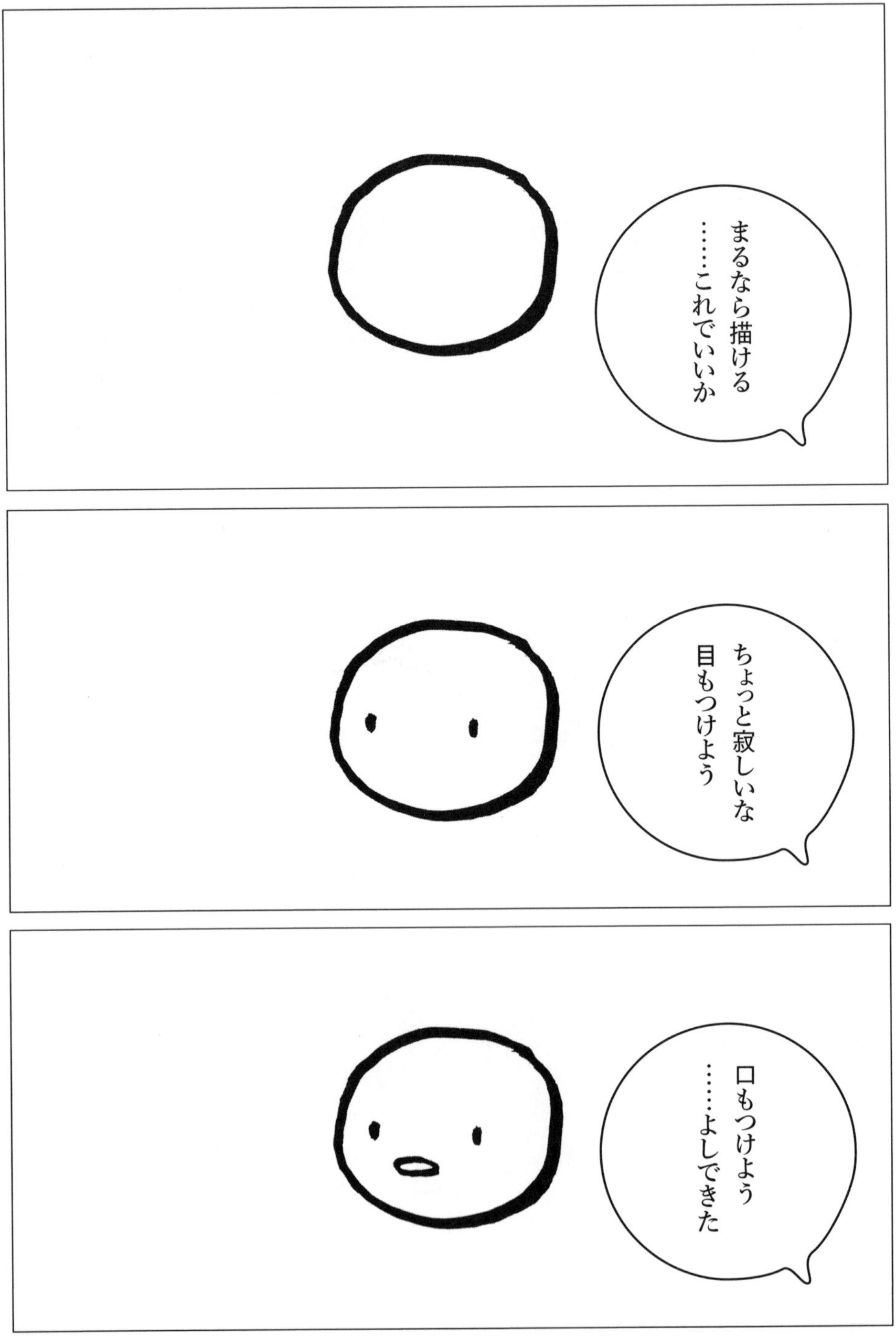
まるなら描ける
……これでいいか
ちょっと寂しいな
目もつけよう
口もつけよう
……よしできた

枠線

A子は漫画の「コマ」を意図している。物語内部に時間や場面の推移を設定する構造が「コマ」であり、物語を進行させる役割を果たす。多くの場合、直線で構成され、ページ内に複数個用意される。定規を使って描くのが一般的だが、このコマ内の描写を見る限り、A子はフリーハンドで描こうとしている様子である。

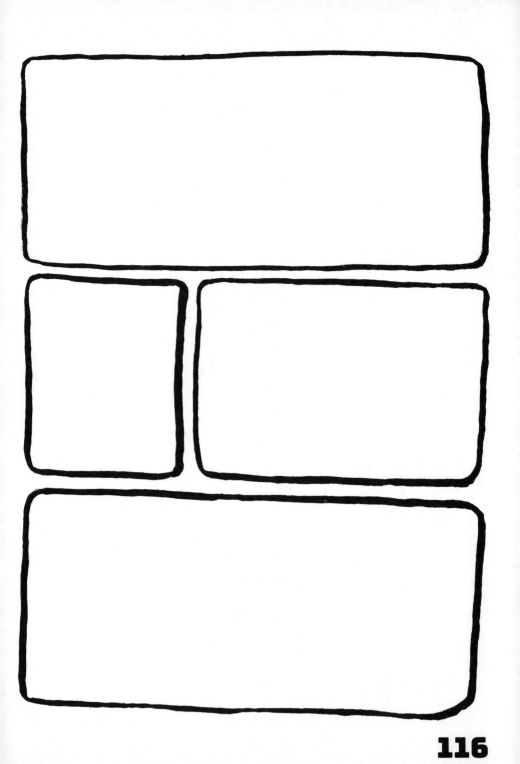

第６話　Ａ子、漫画を描きはじめるも、考えながら描くことの難しさに苦心する。

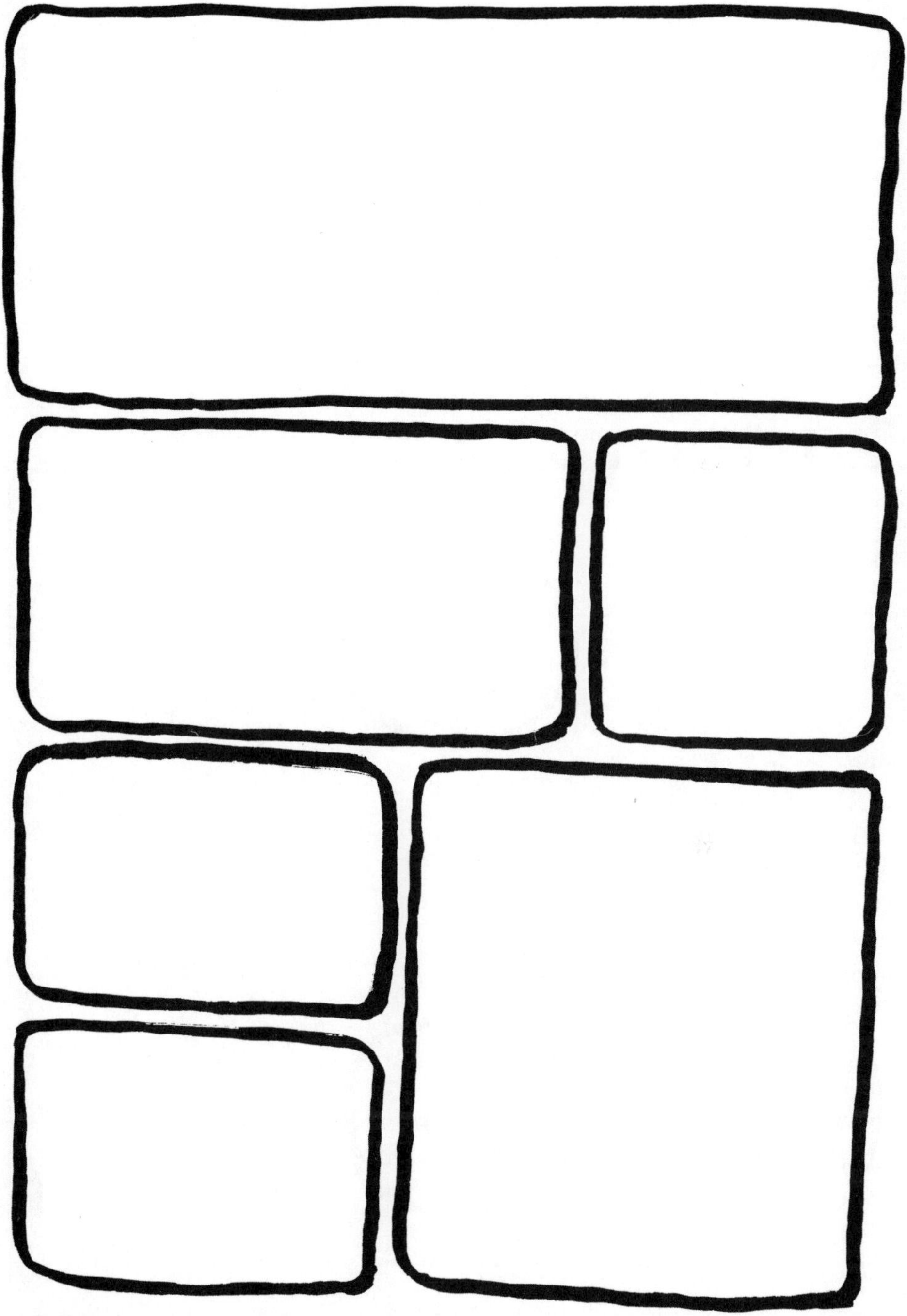

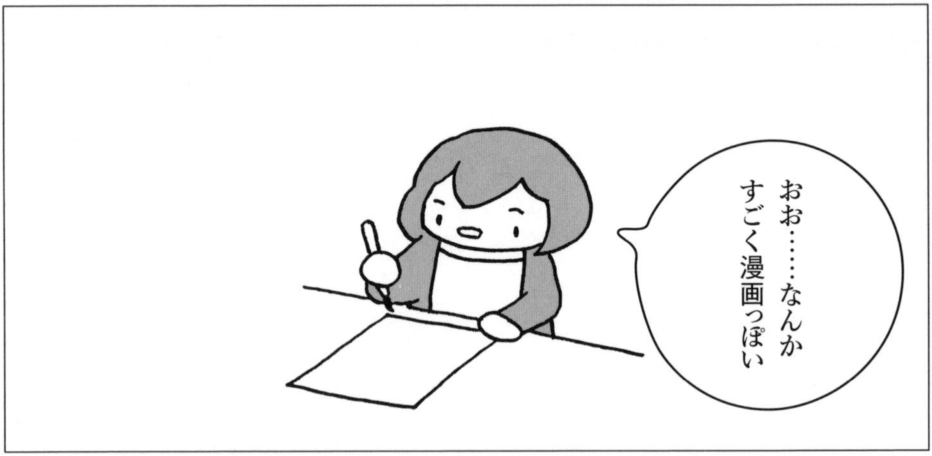
おお……なんか
すごく漫画っぽい

あとはストーリーか
……こいつはどんな
設定※にしようかな

設定
多くのキャラクターは自律ではなく、作者によってその言動や性質に特色を持つようになる。そうした特徴づけを「設定」と呼び、物語においては作者の手腕が強く問われる部分となる。設定が優れていると、物語の進行に応じてキャラクターの行動が作者と読者の双方にとって「操作しやすくなる」とされる。

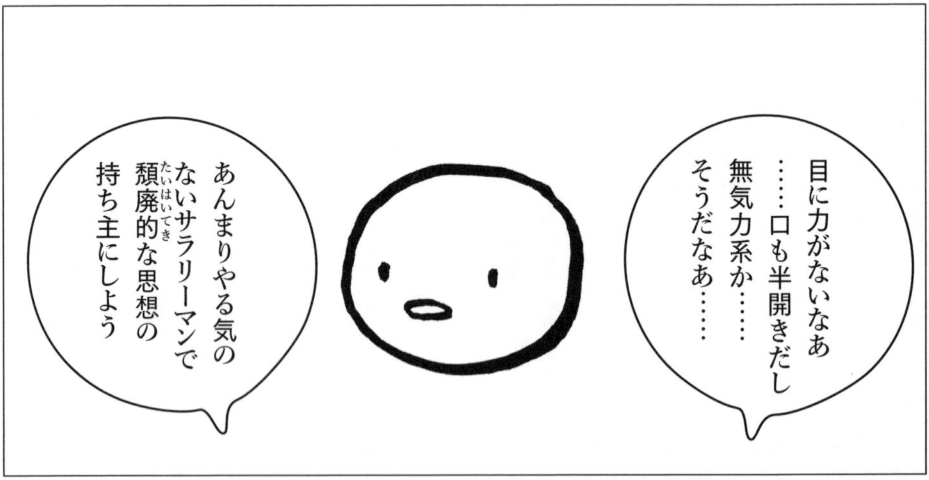
目に力がないなあ
……口も半開きだし
無気力系か……
そうだなあ……
あんまりやる気の
ないサラリーマンで
頽廃的《たいはいてき》な思想の
持ち主にしよう

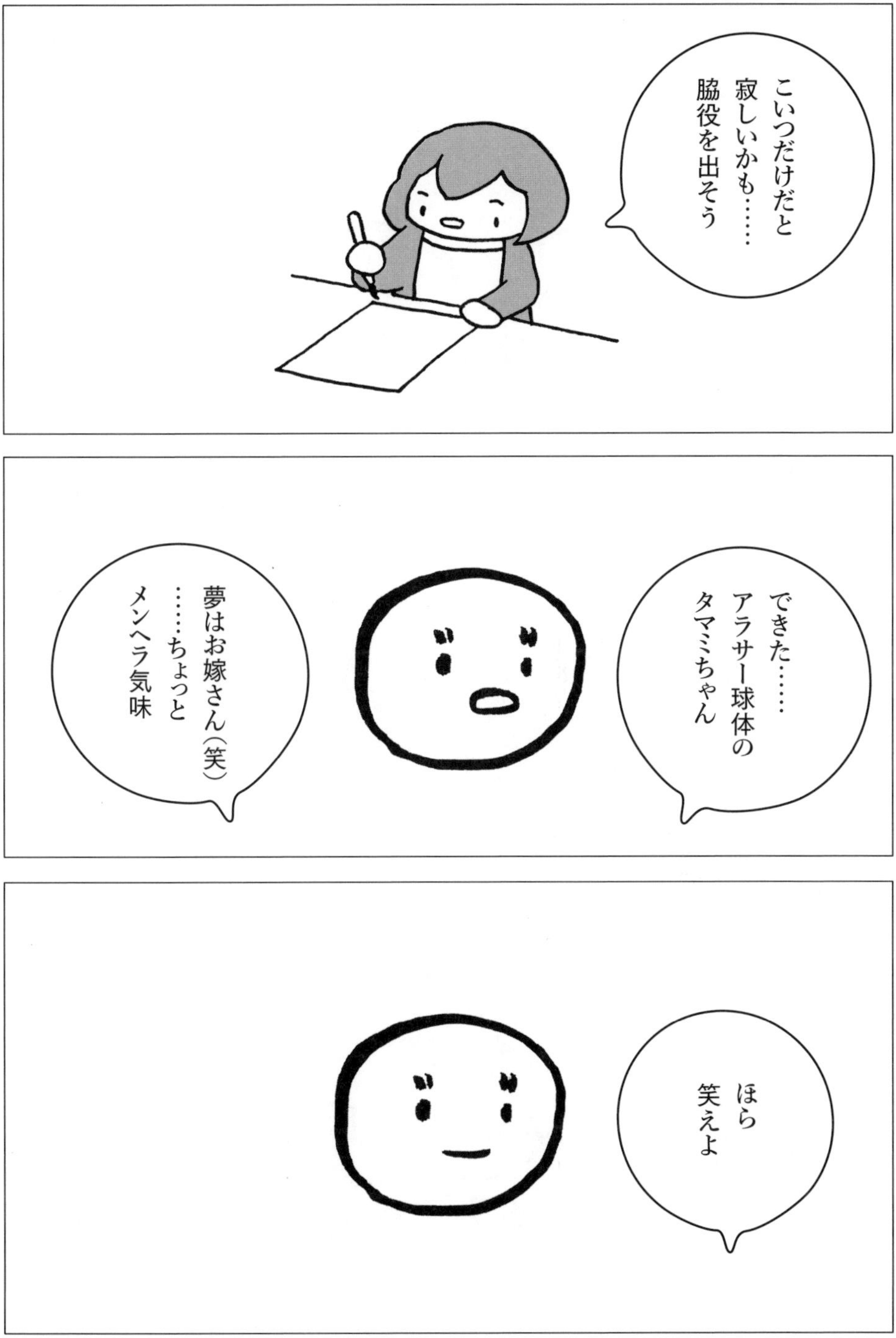
こいつだけだと
寂しいかも……
脇役を出そう
できた……
アラサー球体の
タマミちゃん
夢はお嫁さん（笑）
……ちょっと
メンヘラ気味
ほら
笑えよ

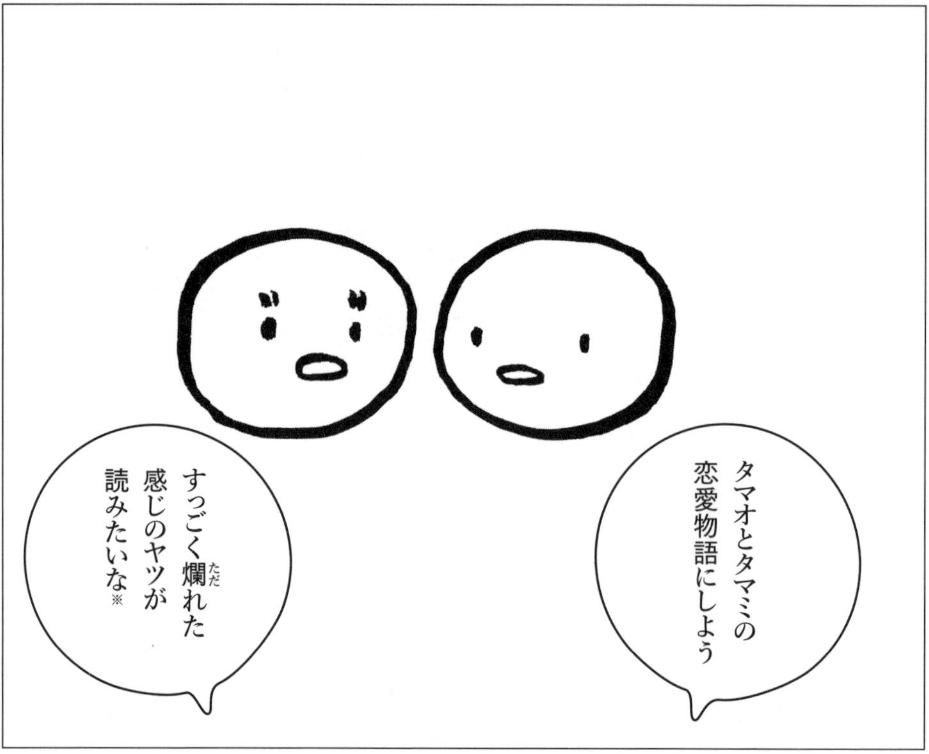

すっごく爛れた感じのヤツが読みたいな
同人誌における第一の読者は作者自身である。したがって作者自身が読んでおもしろいものであることが同人誌の第一義となる。ここでのA子の発言は、A子自身が自覚的に読みたいものを描こうとしている事実を端的に示すものと解釈できる。補足すると、描き出す段階で過度に「他者（読者や編集者）」を意識する態度は、筆を遅くする危険性をはらむ。

ハア 仕事つかれた
会社も飽きたなあ
パチンコでもいこうかな
でも負けたらイヤだな
あ！タマオくん
やあ セフレのタマミちゃん 元気？
SEX しようよ

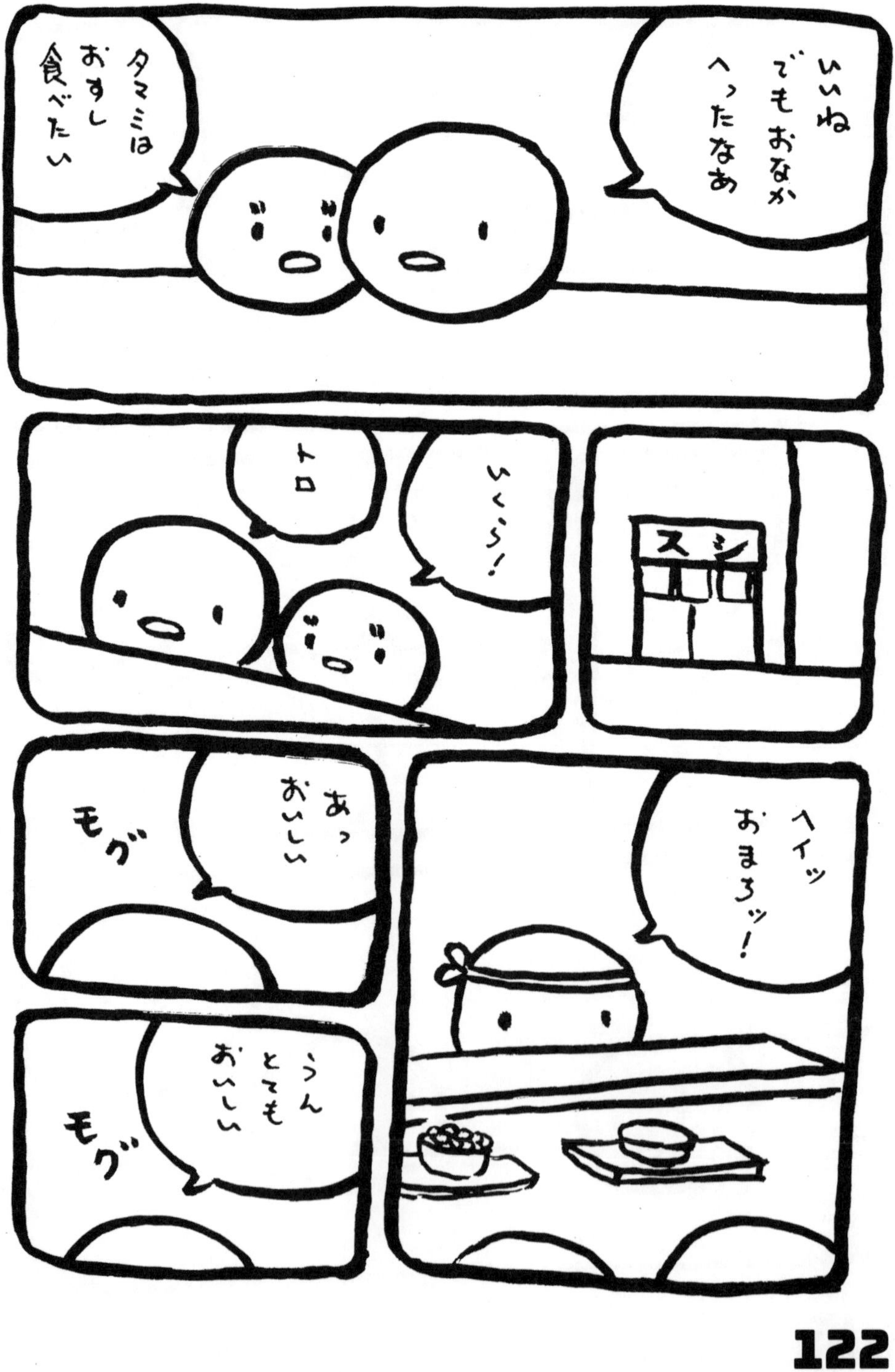
いいね
でもおなか
へったなあ
タマミは
おすし
食べたい
スシ
いくら!
トロ
ヘイッ
おまちッ!
あっ
おいしい
モグ
うん
とても
おいしい
モグ

挑戦しよう
描けないものを描こうとするのは骨が折れるが、描けるものしか描かないのではおもしろくないし成長もない。思考と手段の乖離《かいり》を個人的に味わえるのもまた同人誌の醍醐味である。もちろん義務的に挑戦する必要はなく、挑戦してみたいという思いを抱くことが先決となる。その結果、失敗したとしても何ら気に病む必要はない。

おいしかったね それでは SEXするか
フー まんぷく
ラブホテルで しようよ
どこで する?
ラブホ
中
ぴょん

第６話　Ａ子、漫画を描きはじめるも、考えながら描くことの難しさに苦心する。

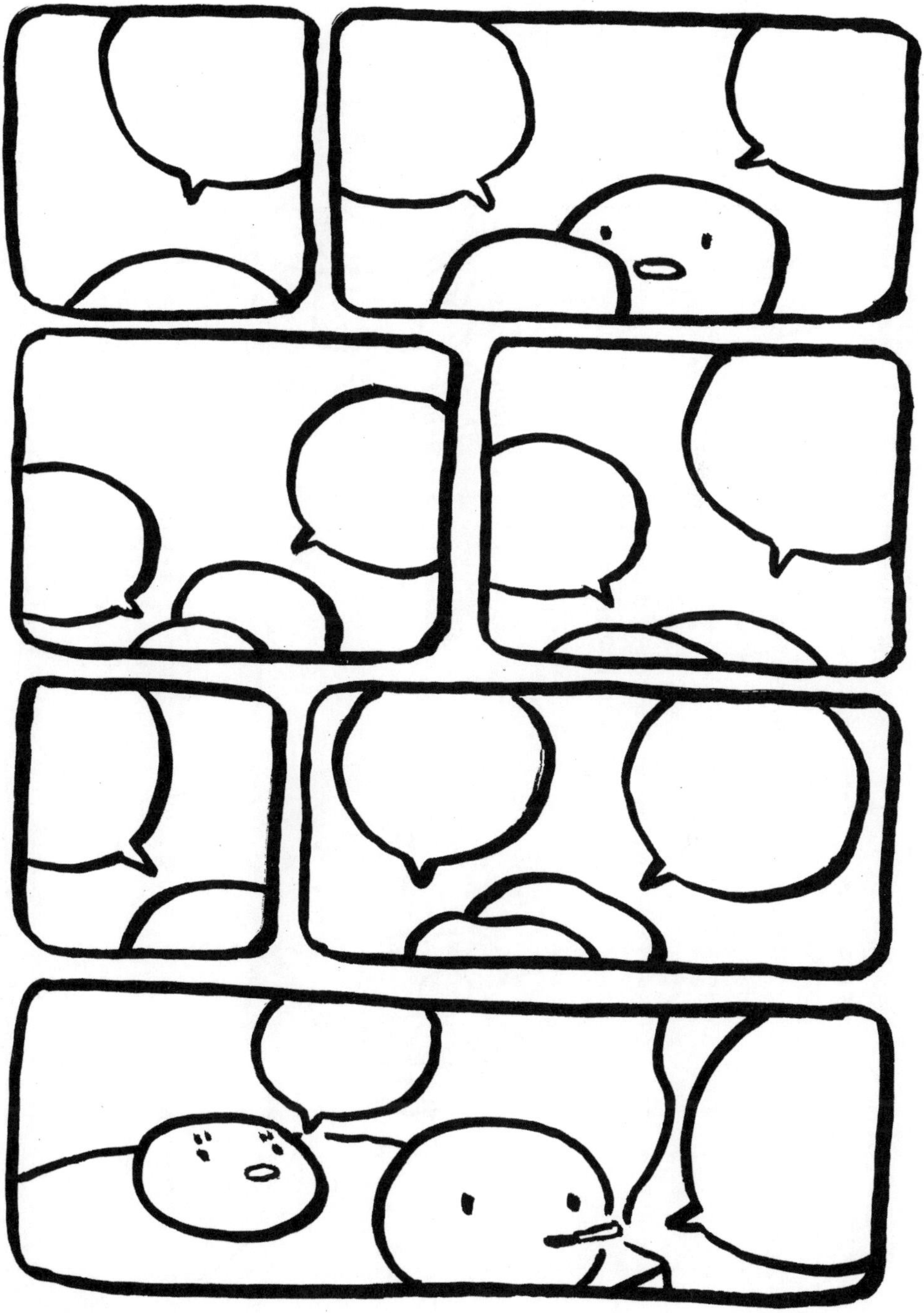

考えながら描く

A子は漫画の設計図とも言われる「ネーム」の存在を知らないため、脳内でイメージした場面や絵面の描写と、キャラクターたちの言動の形成とを、並行して描画しようとしている。ために一方が思いつかないなどの原因によって淀んでしまうと、もう一方も止まってしまうのである。「考えながら描く」のではなく「考えてから描く」のであればこのような事態にはならない。半面、ネームを中心とした「考えてから描く」系の方法論は、「考えた以上の結果」が画面内に生じないことも多く、初手の思考がおもしろくなければ、おもしろくないまま描画作業が進行するハメになり、描いていて疲れを感じる場合もある。

ふう……やっぱり
漫画って大変だな
いや……ここで
止まったら
いつもと同じだ
進むぞ

A子の語り その5

表現することの苦しさ……と振りかぶると、ひどく格好をつけているようで、ちょっと以上にイヤなのだが、事実なので仕方がない。ただ、私の苦しさは「創作の悩み」的な高尚なものではなく、要するに「描こうとすると何もない自分に気づく」という種類のつらさであった。何もない自分と決別したくて同人誌をつくろうと志したのに、走りはじめて出会ったのは、やはり空虚な自分であったのである。

漫画でも描いてみるかと手を動かした私を襲った想像以上の苦しさの正体は、より具体的なポイントに落とし込んで解説するならば、つまりは「ストーリーが思いつかない」ということ、その一点に尽きる。絵が下手なのはどうでもよい。そもそもうまく描けないと知っているし、綺麗に描きたいなどとも企んでいなかったので、そこはダメージが少ない。が、物語が構築できないという事実は、私の予測よりも遥《はる》かに強い苦しみを私にもたらした。

だって、何も思いつかない。

タマオ、タマミと名付けてみた不細工なキャラクターは、私のやりたかったこと、やってみたいこと、やれたら気持ちいいだろうなと憧れるアレヤコレヤを漫画という空間で体現してくれる偶像となるはずだった。しかしながら、事前の私の想像を彼らは決して超えようとはしてくれなかった。

どこまでページを進めても、ぶきっちょにペンを踊らせてみても、タマオもタマミも私の期待した以上の働きはしてくれなかったのである。

この事態の責任者は、誰でもない、私である。

私は私を責めるしかない。

そして……それは私にとって決してよい影響は与えなかった。

B美やD輔氏に案内された店で購入したいくつかの同人誌たちはどう読み返してみても、私の選んだ苦痛とは無縁のように見えた。著者たちの意思がストレートに本の中に結実している……ように私には読めた。羨ましい気持ち、というよりも焦りのようなものだけが私の臓腑を剔《えぐ》ろうとした。

結構苦労して描いてみたのに、どうして私の漫画は私を救ってくれないのか。

不満だけが積み重なっていく。

……なーんて、深刻そうなフリをしてみたところで、ないものはない。

でもあるものはある――ことを私は見つけられた。

例えば描き進めながら、私は不遜にも「あれ？　結構漫画っぽい？　初めてにしてはそそこそこ描けているのでは？」などと思い至るようになった。そんな前向きさ、楽天的な性格を私が有している事実を、私はちっとも知らなかった。

なんだ、よかったじゃないか。

得られるものも、確かにあったみたいで、文句はない。

それに、正直に告白すれば、描いている瞬間は、確かに楽しかったのである。

なので、どうしたって優れていない漫画ができあがりつつあるのを眺めつつ、私は突き進もうと考えた。思考も技術も双方そろって、たかが四ページほどで枯渇するという惨状を弁《わきま》えつつ、それでも私は止まらないぞと決意したわけである。

COLUMN 2

同人誌の印刷ってどうするの？

印刷所を探そう！

同人誌の印刷は、しっかりと印刷・製本したい場合は、印刷所に頼むのがよいでしょう。ネットで調べると、同人誌の印刷を専門とする会社がたくさんあることに気づきます。安い会社、早い会社、用紙や装幀《そうてい》に凝ることができる会社、ギリギリの納期でも対応してくれる会社……さまざまな特徴が各印刷所にはあります。そのときの**自分の状況や目的に応じて、印刷会社を選ぶのがポイント**ですが……最初のうちはできるだけいろいろな印刷所に頼んでみるとよいでしょう。そのうち、自分に似合った印刷所が見つかるはずです。

オフセット印刷とオンデマンド印刷の違い

印刷所に同人誌の印刷を頼む場合、大きく分けて「オフセット印刷」と「オンデマンド印刷」の二種類の印刷方法があります。簡単に言ってしまえば印刷する上で「版」をつくるかつくらないかの違いです。オフセット印刷は版をつくりますが、オンデマンド印刷はデータを利用してデジタル印刷機で印刷します。**たくさん印刷したければオフセット印刷、少なくてもよいという場合はオンデマンド印刷**、というように使い分けてもよいかもしれません。

印刷料金について

印刷料金は大抵「サイズとページ数と部数」を基準として提示されています。例えば「A5サイズで二八ページで五〇部」なら「一万二千円」といったように。こうした基本料金の他に、「本文用紙を別のものに変えたい」とか「遊び紙を挟みたい」とか、オプションを追加すると料金が変わります。また、一般的にオフセット印刷は版をつくるので、オンデマンド印刷よりは高価です。**慣れないうちはあまりコストをかけすぎないことが、同人活動を続けるコツ**です。

印刷のクオリティと量を両立させたいならオフセット、早さと低コストを優先させたいならオンデマンドって感じかな。

（第7話）A子、とりあえず漫画を完成させ、B美と社長から感想をもらう。

第7話は、A子にとって、そして本当に同人誌をつくろうと考えている読者の方々にとっても、非常に重要なステップを示す。

そのステップとは「他者に自分の表現を見せる」という行為。徹頭徹尾、自分ひとりでつくるのならば不要のミッションだが、同人誌制作をより楽しむためには、実はこのプロセスは不可避だと筆者は考える。自分の表現に他者の視点を織り交ぜる作業は、長い目で見れば確実に自分の利益となるからだ。もちろん他人の目ばかりを意識してもいけないのだが……そのあたりのさじ加減については今後のA子の活躍において、徐々に明快にしてみたい。

とりあえず
漫画を描いてみた
おお見せて
ください……
どれどれ
…………

待って……なんか急に恥ずかしくなってきた※

急に恥ずかしくなってきた
「自分の思考を表現したもの」を見せる行為は、気恥ずかしさや照れくささなどと無縁ではいられない。特に慣れていない段階ではそうした羞恥心のようなものからは逃げられない。こうした心情への対処法は、まさに「慣れる」以外にはなく、より多くの人に作品を見せる経験を重ねるのが最短かつ最良の道筋である。

今更何を言っているんです同人誌は人に見せてナンボですよ

イベントに参加したらそれこそ何百って規模の人に読まれる……
……かもしれないんですから

この原稿を同人誌にしましょう
A子がB美に見せているのは、画用紙に描いた漫画原稿。この段階ではまだ同人誌にはなっていない。したがってB美の発言は「原稿を印刷所に入稿して、同人誌の印刷をしよう」という提案と読める。

え……でも まだまだ レベルが……
ヌルいというか 自分で読んでも あんまりかなって 思うけど……

いいんですよ そんなこと 同人誌ってのは 描きながら……
B美くーん ちょっと相談が あるんだにゅ〜

社長！ 今度 その語尾で話し かけたら前歯 へし折りますよ
え〜ちょっと かわいこぶった だけでぇ？ ところで今度の 新刊なんだけど
「艦●れ」やめて 「F●O」に したいんだけど どう思う？

イナゴ
二次創作系の同人活動において、対象作品にその時期に人気がある作品を選ぶ行為を指す。「〇〇ってアニメがめっちゃ流行ってるから、〇〇で同人誌つくろーっと」といったような、原作への愛が少ない同人活動を批判する表現。

オリジナル
原作に対して自身の妄想（理想）や希望（願望）をぶつける二次創作に対し、最初から最後まで自分で考えてつくられた同人誌のこと。ジャンル名として「創作系」と呼ばれることも。本書における同人誌はこの「オリジナル」を意味するが、社長はもっぱら二次創作専門……という設定。

読まれている……私の漫画が
アワワ
ふむふむ！この殺伐とした感じ……いいね
ほうほう！ここでこう来るか……なるほど！
A子くん！粗削りだがいい！これ同人誌として発表しなさい！

いや……でも私の作品は未熟ですから
何を言う 誰だって未熟だ！
しかし……下手くそすぎて恥を晒《さら》すだけかなあと……
それでいい！
同人誌はな！失敗するためにつくるんだ！

同人誌は……
失敗するために
つくる……
なぜなら……
恥を山ほどかき
失敗を重ねて……
人は強くなる
からだ
この頃の若い
連中は失敗を
嫌がるし……失敗
しにくい世の中にも
なっとる
だからこそ
同人誌でドカッと
失敗を学ぶんじゃ
期待しとるぞ
失敗なら得意です
社長がそう言うなら
やってみますよ！

（第8話）A子、どうにか印刷所に入稿し、初めての同人誌をつくる。

第8話では、A子が「入稿」をする。

特にこれといって参加するイベントを決めずに、印刷所に入稿だけをするという状況は、実際には考えにくい。普通は参加を決め、そこから日程を算出し、入稿の締切を確定させ、会社での労働とプライベートな時間とのスケジューリングをし、作業に取り掛かるものである。

したがって、いささか現実味の薄い展開となってしまってはいるが……おそらくは、第7話で社長にもらった言葉が、少なからずA子の背中を押したのではないか——と推論しておこう。

まず漫画をスキャン

A子がつくろうとしているのは印刷所に渡す入稿データ。紙に描いた漫画をスキャンすることで、アナログの原稿をデジタルデータに変換する、単純だが重要な作業。高級な機材は不要で、一般的な家庭用プリンターに付属しているスキャン機能で充分。持っていなければ、コンビニのコピー機などで代用できる。

色調補正

広義には「画像データをクリエイターのイメージする方向性に加工する作業工程」全般を意味するが、ここでは単に「画用紙の白をデジタル画像上の白に変換する行為」を指すため、そこまで難しい技術は要しない。紙面の都合で割愛したが、A子はB美から「超初歩的な色調補正の基本」の説明を受けている。

ハア
仕事
つかれた
会社も
飽きた
なあ
えーとまずは
黒と白をハッキリ
させるんだっけ
レベル補正で……

ハア
仕事
つかれた
会社も
飽きた
なあ
黒を強く白も
強く……うん
だいたいオーケー
……かな

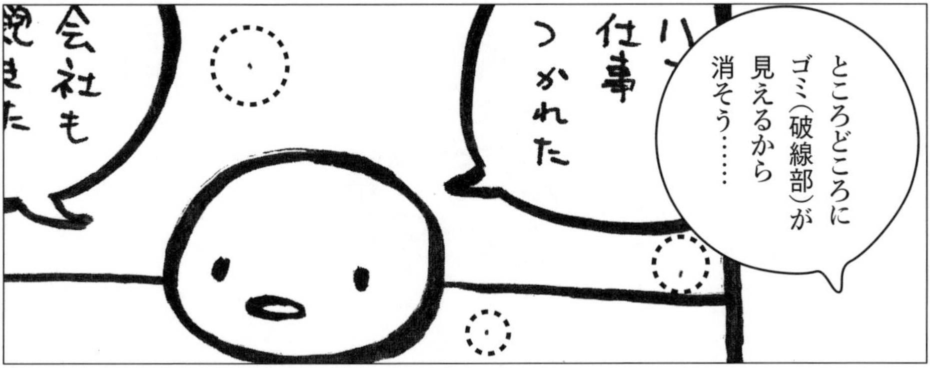
仕事
つかれた
会社も
ところどころに
ゴミ(破線部)が
見えるから
消そう……

PSD形式
画像データのファイル形式のひとつ。Adobe Systems Incorporatedが開発・販売する画像編集ソフトウエア「Adobe Photoshop」の標準画像ファイルフォーマットで、拡張性・編集の利便性などに優れている。拡張子は「.psd」。入稿データとしてはよくある形式。

入稿方法を確認
同人誌の印刷を得意とする印刷所のホームページには、懇切丁寧に「入稿方法」が明記されており、初心者も安心して入稿データの準備ができるようになっている。A子はB美におすすめの印刷所を教えてもらい、その会社のホームページを熱心に見ながら、作業を進めている……という状況である。

表紙

10ページでも説明したが、書店に流通する一般的な書籍には必ず存在するカバーだが、ほとんどの同人誌にはそれがない。したがって同人誌においては「表紙」が、「読者が最初に目にする部分」となる。カバーが本の顔とも呼ばれるように、同人誌にとっては表紙こそが看板であり目印であり最大の魅力を示す部位となる（同人誌の印刷におけるスタンダードは、本文はモノクロ、表紙はフルカラーといったタイプ）。そのため多くの同人作家は表紙を妥協せず、すさまじいクオリティのものを世に送り出す。

どうしよう
……人の本を
真似して
みようかな※

真似してみようかな
盗作や剽窃《ひょうせつ》などといったクリエイターへの敬意を著しく欠く行為は当然許されるものではないが、うまい人、達者な人を真似て学ぼうとする態度は同人誌をつくる上では非常に重要。相手のどこが優れているのか、自分には何が足りないかを、真似るという学びは端的に教えてくれる。

ふむふむ……
まずタイトルが
ドンとあって……
作品を象徴する
イラストがあって
作者の名前が
あればいいのか
新小岩戦記
東葛飾のジャニス

ペンネーム
特に決まりがあるわけではないが、同人誌のほとんどは本名ではなくペンネームで発表されるケースが多い。「号」のようなものだが、長く同人活動を続けると、自然と作風に紐づくこともあるため、つけるならしっかりと考えてつけるようにしたい。

さてと……
印刷所の入稿フォームを見ながら
カチ
カチ
入稿するぞ……
緊張するなあ

本文用紙※?
色上質紙?
コミックルンバ?
カチ
よくわかんないから適当に……
本文用紙
同人誌の本文に使う紙。色上質紙もコミックルンバも本文用紙の名称。多種多様な紙厚や色味の用紙が存在する。

遊び紙※?
前のみ?
カチ
よくわかんないから適当に……
遊び紙
表紙に貼り付ける「見返し」と呼ばれる紙と本文の間に挟む紙のこと。

PP加工
ポリプロピレンフィルムを同人誌の表紙に熱で圧着させる加工のこと。樹脂やニスを塗るタイプのプレスコート加工と比べると、より耐久性に優れているとされる。書店に流通する書籍のカバーなどは、運搬中や書店陳列中の破損を防ぐため、たいていこうした加工が施されている。最近のPP加工にはさまざまな種類があり、見た目や質感などの変化が楽しめるものも。

支払い
同人誌の印刷代は、印刷前に支払うのが一般的（出版社は印刷所に対して刊行後に支払うのが業界の慣習となっている）。依頼者からの支払いが確認できないと印刷所は印刷作業に進めないため、ここでのやりとりは慎重かつ迅速にすることが求められる。

入稿から1週間後

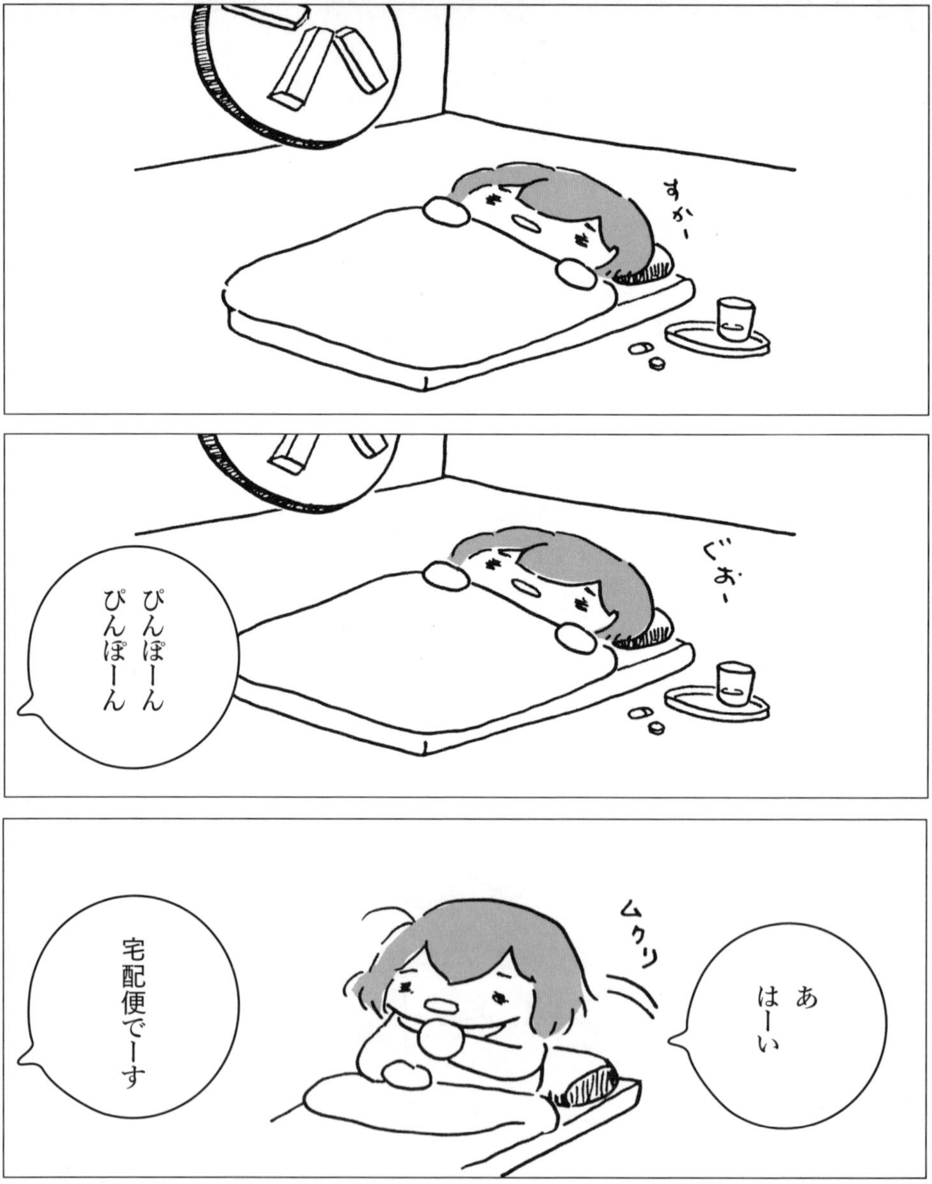

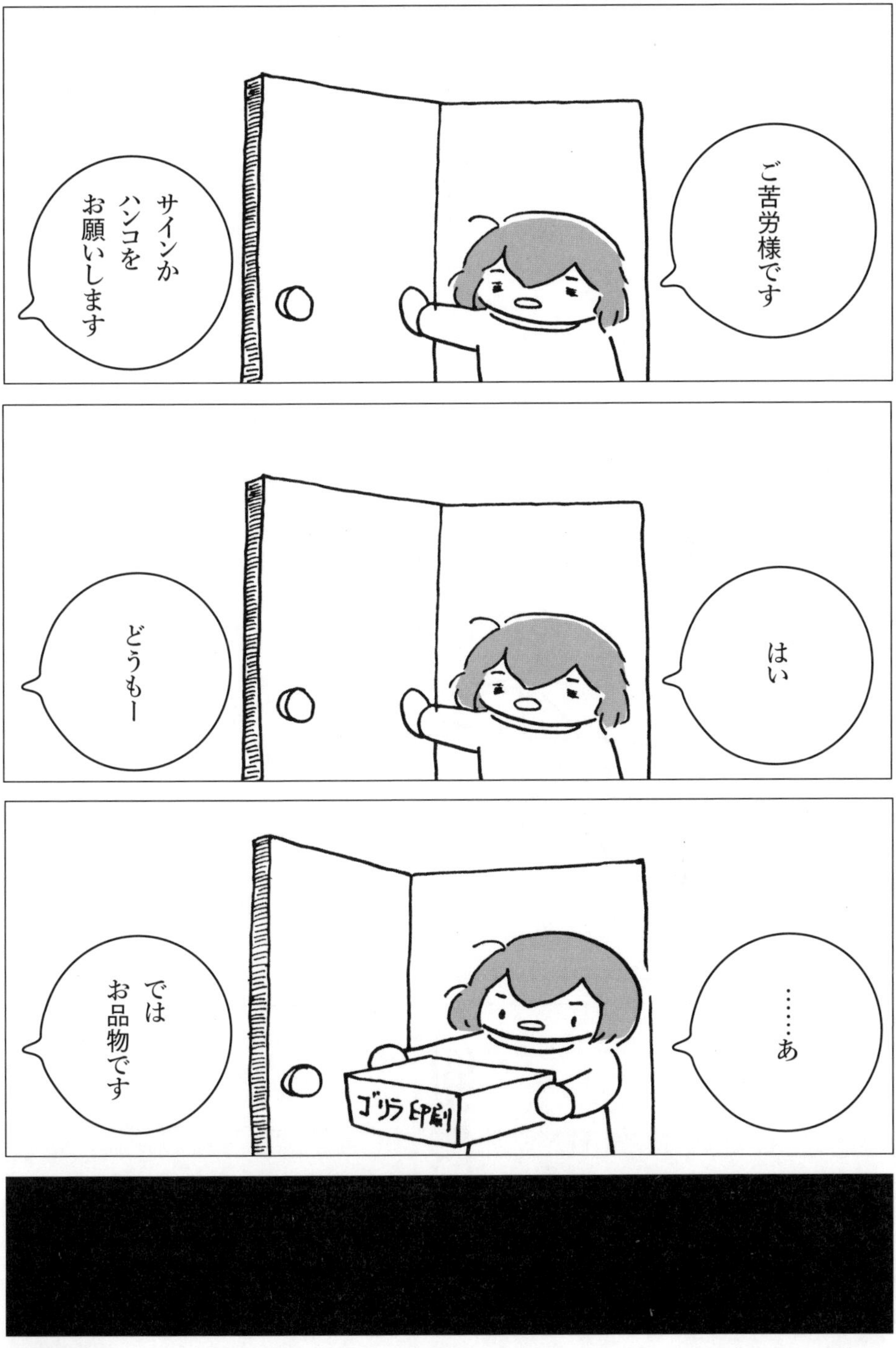
ご苦労様です
サインかハンコをお願いします
はい
どうもー
……あ
ではお品物です
ゴリラ印刷

これは……

間違いない

私がつくった……
私の本だ

私の同人誌だ

A子の語り その6

本というものが、ここまで人間を興奮させるとは。
何かをつくるという行為の意味。
それを私は知らないまま、三〇歳まで生き続けた。
どれほどちっぽけなものですら、自分の思考を表現として、物質に結実させた経験が私にはなかった。
しかし、実現させてみると、「B美や社長に読まれる気恥ずかしさ」のようなものは吹き飛び、純粋にモノ化した「チンケな私の思考」に触れられるという——喜び、いや、怒り・・・・・・・・・・の吹っ飛んだ憤怒のような感情が湧き上がりまくってしまったのである。以前にウェブで「紙か電子か」のような出版業界に関する記事を目にしたときは、興味が持てなかったので特に意見もなかったが、今なら「紙の本」のよさについて、一言だけ語れる自信がある。
ようするに、モノなのである、本は。
そして、モノを、自分の手でつくる楽しさを味わえるのが、同人誌なのである。
最初につくった同人誌を手にした感動、これを私は忘れない。

おそらく、今後、どれほど仕事でイヤな目にあったとしても、私は耐えられるはずである。自分の意思と自分の肉体とで、（何にも勝利はできていないが）戦えることを証明したから（と勘違いできるようになったから！）。

労働に疲れた演技をするという労働ばかり上手になっていた私だが、これでもう大丈夫。明日からの労働には、確実な目的が伴うはずであると、私は信じている。

郵便はがき

料金受取人払郵便

代々木局承認

6948

差出有効期間
2020年11月9日
まで

1518790

203

東京都渋谷区千駄ヶ谷4-9-7

(株)幻冬舎

書籍編集部宛

1518790203

ご住所 〒

都・道
府・県

フリガナ

お名前

メール

インターネットでも回答を受け付けております
http://www.gentosha.co.jp/e/

裏面のご感想を広告等、書籍のPRに使わせていただく場合がございます。

幻冬舎より、著者に関する新しいお知らせ・小社および関連会社、広告主からのご案内を送付することがあります。不要の場合は右の欄にレ印をご記入ください。

不要 □

本書をお買い上げいただき、誠にありがとうございました。
質問にお答えいただけたら幸いです。

◎ご購入いただいた本のタイトルをご記入ください。

『　　　　　　　　　　　　　　　　　　　　　　　』

★著者へのメッセージ、または本書のご感想をお書きください。

●本書をお求めになった動機は？

①著者が好きだから　②タイトルにひかれて　③テーマにひかれて
④カバーにひかれて　⑤帯のコピーにひかれて　⑥新聞で見て
⑦インターネットで知って　⑧売れてるから／話題だから
⑨役に立ちそうだから

生年月日	西暦　　年　　月　　日（　　歳）男・女		
ご職業 ①学生	②教員・研究職	③公務員	④農林漁業
⑤専門・技術職	⑥自由業	⑦自営業	⑧会社役員
⑨会社員	⑩専業主夫・主婦	⑪パート・アルバイト	
⑫無職	⑬その他（　　　　）		

このハガキは差出有効期間を過ぎても料金受取人払でお送りいただけます。
ご記入いただきました個人情報については、許可なく他の目的で使用することはありません。ご協力ありがとうございました。

COLUMN 3

楽しい楽しい紙選び！

用紙の種類

印刷所によっては、本文や表紙の用紙をいろいろと選ばせてくれるところがあります。**用紙は、色や厚み、手触りなどが異なり、当然、印刷された結果も用紙の種類によってさまざまです。**印刷所は、サンプルとして表紙や本文用紙の見本を配っています。それらを参照しながら、自分のつくる同人誌にベストの紙を選んでいきましょう。また、他の人がつくった同人誌を買って読んでみるのも、用紙選びのセンスを鍛える上ではよい練習となります。

本文用紙の選び方

用紙の厚みは重さで表記されます。例えば「上質紙110kg」は「上質紙90kg」よりも分厚い紙です（必ずしも「重さがある＝分厚い」ということではありませんが……同人誌の印刷の場合はそこまで考えなくとも大丈夫でしょう）。厚い紙を選べば、同じページ数でも本が厚くなります。ただし、**平綴《ひらと》じ製本の場合、本文用紙を厚くしすぎると開きが悪くなる可能性があります。**一方で薄すぎる紙ですと、裏写り（裏側のページに印刷された内容が透けて見えてしまうこと）の心配もあります。また、紙には色があります。特にコミック系の紙……コミックルンバやハイバルキーなどザラッとした手触りの嵩《かさ》高《だか》（軽いけれど厚みがある）紙には、独特の風合いがありますから、勇気を出していろいろと試してみることをオススメします。

表紙の加工の考え方

「PP」や「マットPP」という言葉は、表紙に特殊なシールを圧着する加工を意味します。本の耐久性をアップさせるため、一般的な商業流通向けの書籍には必ずこうした加工が施されます。同人誌も、複数回イベントで出すような部数を印刷する場合は、**表紙のカラーが剝《は》げたり色移り（インクが他の本に付着すること）したりするのを避けるためにも、PP加工がオススメ**です。

特殊な紙を表紙に使う場合、PP加工をすると紙の特性がなくなっちゃうこともあるからそこは注意してね。

第3章 転

（第9話）A子、昼に会社で珍しく働きを評価され、B美、夜にスカイプでA子を激励する。

第9話はA子の労働風景からスタートする。

第8話において、ついに同人誌をつくったA子だが、いかんせんまだ同人活動歴が浅いため、pixivにサンプル画像をアップするとか、Twitterでイベント参加を告知するとか、そういった知恵は身についておらず、つくった同人誌とつくった自分との、内省的な対峙《たいじ》しか経ていない。ただ、同人誌という存在がA子の中に無視できない大きな経験となった事実だけは強調したい。仕事中や帰路において同人誌のことを考えたりしてしまうのも、その影響である。

ではお手元の
資料をですね
御覧ください
……
データが
示すように
……
はー早く
帰って同人誌の
こと考えたい
つまり
この……
この前つくった
同人誌じゃあ……
なんか物足りない！
どうすればもっと
満足できるのか……
市場の
動向が～

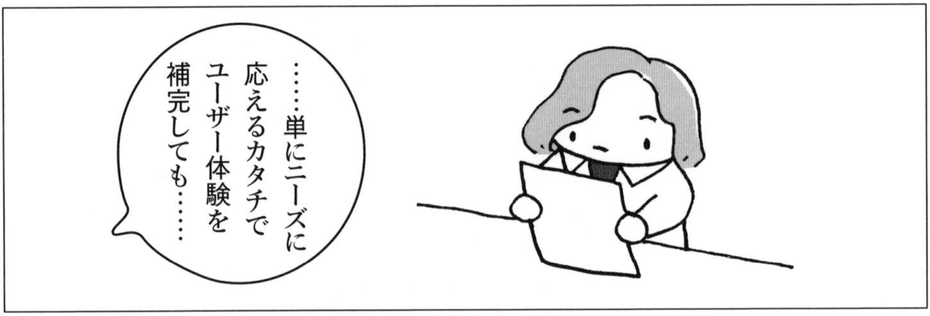

プレゼン
前ページからA子が何をしているかというと、クライアントに対するプレゼンテーションの内容を、社内の同僚に対してプレゼンしているのである。企画提案は事前に社内合意を得るのが基本だが、案外そこが一番時間と神経を使う場面だったりもする。

競合他社は3社勝率は50％かと……予算のすり合わせは先方と済んでいます
……悪くない提案の方向性は確実に勝てるラインだと思う
あとは予算だねこの見積りだと結構ウチの利益が高くなるけど……
いいものつくるから安売りはしないってことでしょ……いいじゃないそれで

コンペ
A子が勤務しているような、広告代理店的要素の強いデザイン会社にとっての生命線。競合とのプレゼン対決の場である。ここでの勝敗が会社の利益を思いっきり左右するため、非常に重要なイベント。

独身三十路※女
三日会わざれば
刮目《かつもく》して見よです
彼女は昔の彼女
ならず……ってね

三十路

30代といったニュアンスでも現在は使用されているが、本来は誤用で、30歳の意。「八重も女の身の既に三十路を越えたり。」（「矢はずぐさ」永井荷風）のように使う。ただ「30歳になり、それを越えた状態」の意味合いもあるため、現在のような使い方に発展したのかもしれない。

やるねえ！
コンペのための
資料作成※は
ボクも手伝うよ

コンペのための資料作成

前述のように社運を左右しかねない作業のため、恐ろしく大変なミッション。同人誌の入稿直前のような忙しさとなる。

あわてなくて
いいからねA子
自信※を持って
やればいいのよ

自信

単純に見積り金額で決まるようなコンペではない場合、クライアントは真剣にプレゼン内容を吟味する。その場合「弊社の提案は最高です」という自信は武器になる。同人誌も一緒で「私の本はおもしろい」という自信がないと、いろいろと不安になってしまい、手が動かなくなる。

やっほ〜A子ちゃ〜ん提案計画にゴーサインが出たぜ記念に飲みに行こー
あーごめんなさいすみません今日はちょっと早く帰らないとダメで……明日の準備が
それは残念……明日の準備？旅行でも行くの？
シュン
えっとまあ……ある意味旅みたいなものかもしれませんお先に失礼します

やばいやばい
急がないと……

Ｂ美との打ち合わせの時間が……

明日の荷造りとかもしなきゃいけないし……

!
同人誌
あり
むっ!
同人誌
あり
同人誌?
会社の近くにこんな本屋さんがあったなんて……
急いでいるけど……すっごい気になる!

入ってみよう
ギィー
そーっ
薄い本……
同人誌だ……
同人誌がある！
ちょっと見てみよう
おそる
おそる

※袋に入っている

ビニール袋に個包装されている状態を指し、書店で購入できるほとんどの同人誌はその状態で売られている。漫画やライトノベル、写真集などの書籍に施されるシュリンク包装とは厳密には異なり、同人誌はおおむね薄いため、シュリンク包装時の熱加工による収縮する力への耐性が弱く、あまり適していない。「中身はわからない」とつぶやくA子だが、袋の外から中身を想像する楽しさもまた、同人誌という本との出会いが持つ醍醐味である。

[redacted]

スカイプ会議
仕事などでもよく使われる会議の形態だが、同人活動においても「作業の相互監視」「進捗報告」「テクニックの伝授」「愚痴大会」など、非常に重宝するコミュニケーションツールとなる。

おーいB美やーい遅くなってごめんなさーい
遅いですよ！30オーバーオバサン！略してオバオバ(笑)
殺す……
んもー会社は定時であがってくださいって言ったでしょ！
明日のイベントの準備をしないといけないんですから！
私だって別のイベントの入稿が迫っててメッチャ忙しいんですよ！
ごめん会社帰りに素敵な同人誌見つけたので買ってました
ならよし！

サークルチケット
同人誌即売会などのイベントに「サークルとしての参加」を申し込み、無事に受理されると主催者側から送られてくるものが、サークルチケット。サークル通行証などとも。イベント会場に一般参加者よりも先に入場することができる。

ページ数×10円が目安
あくまでも目安であり、B美の「同人誌観」に基づくものであるため注意。仮にこの基準に従うとすると、例えばB5判、モノクロ、38ページなら380円、切り上げて400円……となる。ただ、ジャンルや装幀などによって変化する数値であるため、参考程度に読んでほしい。

あと集合時間ですけど……8時に○○駅でお願いします
遅刻するとサークル入場※に間に合わなくなるので絶対厳守ですよ！
えーっなんか早くない？でもまあ守るよ……
サークル入場
イベントにおいて、同人誌などを頒布するサークルが、設営や準備などのために一般参加者よりも早く会場に入ること。A子は驚いているが、早朝に入場するのが普通。
他に持ち物は……強い心ですかね(笑)
持ってないなあそれは……まあ明日はよろしくね
はーいおやすみなさい

仮に300円だとして……誰か買うかな私の同人誌を
ゴリラ印刷
ゴリラ印刷
私が誰かに私の同人誌を見せる意味なんてあるんだろうか？

まあいいか　意味なんてなくても　——失敗するために　つくったんだしね　この同人誌は

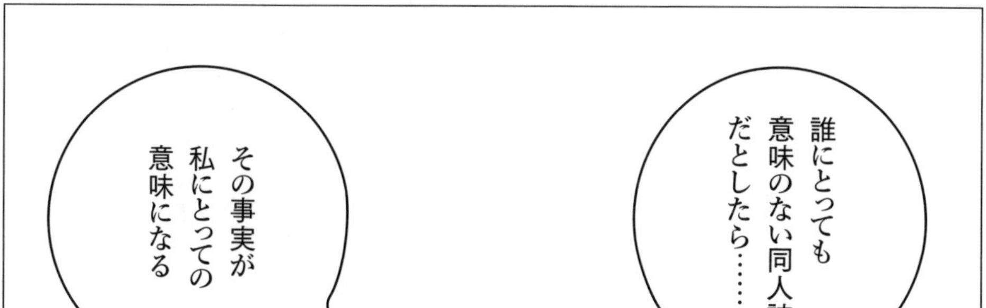
誰にとっても　意味のない同人誌　だとしたら……
その事実が　私にとっての　意味になる

A子の語り その7

同人誌をつくっている最中と、できあがった同人誌が届いた後の数日間、私の思考は同人誌のことだけに費やされていた。つくっているときは、ちっともおもしろくならない漫画……のようなものを、どうすればちっとはマシなものにできるかひたすら考え、ひたすら手を動かし……ひたすら腑甲斐《ふがい》ない自分に呆れ続けるだけの時間が私の前に山積みになっていった。

同人誌ができあがった後は、ひたすら自分の同人誌を読み返し、ひたすら少しはおもしろくなりやしないかと視線を動かし、ひたすらどうにもならない「完成したもの」の持つ意味の大きさに慄《おのの》いていた。それがちっぽけで薄っぺらな本だとわかっていても、どうしても思考が、いや肉体すらも、私自身に呆れ返りたがるのを、私は止められなかったのである。

憤怒と葛藤は延々と渦巻いてはいたが、でも、振り返るとその段階の私の心理状況を的確に示す言葉は、茫然自失《ぼうぜんじしつ》が相応しい気がする。本当にぼうっとしていたし、本当に……我を忘れていたのである。

私自身が見失った私は、私のあまり強く意識しないところで、懸命に働いてくれた。こっ恥ずかしい思いを打ち消すように、仕事に逃げてくれたのかもしれない。
会社員という立場がもたらす労働の真価は、ひょっとするとそこにあるのではないかと私は思った。つまり「やっちまった」を雲散霧消《うんさんむしょう》させてくれる機能というか、羞恥に身悶《みもだ》えしそうになる瞬間……その積み重なりを、当事者すら忘れそうになる規模でかき消してくれるという効能。これが労働にはあるのかもしれない。
同人誌をつくらなければ、労働は退屈な日常の象徴でしかなかった。
でも同人誌をつくった途端、労働が一種の癒やしになったのである。
まさか働くことで「気が紛れる」日が訪れるとは夢にも思わなかったため、私は少し以上に興奮した。同人誌という現実から目を背けるようにして働き、わけもわからずガーッとつくった提案書は、C太郎他、同僚諸氏から褒められるまさかの結末。クライアントへの提案はこれからだが……なんとなくこのままだと、うまくいってしまいそうな気すらするから不思議だ。妙な自信というか、変てこな自負のようなものが私の中に生まれつつあり、そいつが優しく背中を支えてくれやがるのである。こんな気分は生まれて初めてで、まだかなり混乱しているのも事実。
でもまあ、一時の気の迷いに似た何かかもしれないから、油断はしない。
私は所詮、弱い労働者である。そこを履き違えてはいけない。
私は結局、鈍い労働者である。自分の力量を知らず働き、自分の至るべきところを見失い続け、自分の為すべきことを持たずに、ただ時間を消化している。

私は事実、脆《もろ》い労働者である。簡単に壊れる。たまたまうまくいった偶然に喜んでばかりいると、すぐに転んで起き上がれなくなるに違いない。

そうなったら、また同人誌をつくろうと思えるようになったのは、それはそれで変化が訪れたことの証明なのかもしれないけれど。

印刷所に入稿しよう！

入稿データの作り方

最初に確認すべきは「印刷所が示す入稿方法」。指定された形式に従わなくてはなりません。「PSD」なのか「AI」なのか「PDF」なのか……作成にあたって**使用したアプリケーションのバージョンなども印刷所から指定されている場合がある**のでちゃんと確認しましょう。次に大切なのは「ノンブル」の確認。印刷所はデータの確認はしてくれますが、「本として正しく読める内容か?」は見てくれません。ページ番号が各ページにあるか、ページ番号通りにページが並んでいるかを念入りにチェックしてください。他には「文字データのアウトライン化」なども大事な確認ポイント。フォントは作業環境に依存するため、同人誌の場合はほぼ必ずアウトライン化して、画像データとして処理することが奨励されます。印刷可能領域の外までデータを用意する「塗り足し」や画像データの「解像度」も大切なチェックポイント。特に解像度の問題は慣れないうちはミスしやすいところです。カラー画像なら350dpi、モノクロ2値やグレースケール画像なら600dpiを基準に考えてください。そのラインを下回らないようなら、まず大丈夫。

デジタル入稿の場合、印刷所が用意してくれるサーバーにデータをアップロードします。フォルダをつくり、そこに指定された形式に従った「本文データ」と「表紙データ」を入れて、アップロードします。繁忙期は印刷所のサーバーも混雑します。**余裕ある入稿を心がけるように**しましょう。

すぐに料金を支払おう！

印刷所はさまざまな支払い方式を用意してくれています。どれを選ぶにせよ、大事なことはすぐに支払うこと。多くの場合、印刷所は支払いを確認しないと作業に進むことができません。「入稿したのに本が届いてない！」とならないよう、入稿後も印刷所からのメールはしっかりとチェックするようにしましょう。その段階で印刷所からデータ不備などの連絡もあるからです。

入稿は初心者にとって最初のハードル！慎重にやるようにしてね。

（第10話）A子、初めての同人イベントに参加する。

第10話では、いよいよA子がイベントに参加する。

作中では言及されていないが、優秀な指導者であるB美がA子の同人誌デビューの場として選んだのは、COMITIAのような創作系同人誌専門のイベントである。申し込み手続き他はすべてB美およびその恋人であるD輔がやってくれており、A子は当日参加するだけ、という初心者であるA子に優しい仕様となっている。

一方で事前搬入などの作法をB美が教えなかったのは、A子に同人イベントの苦しさを教え込もうとしているからとも考えられる。

同人誌運搬時は走っちゃダメ

紙は重く、紙の束である同人誌たちも当然重い。重いものを運びながら走ったりすると自身の転倒や同人誌の落下などの危険が生じる。自分だけの被害ならばまだしも、周囲の人に迷惑をかけるような失敗は許されない。したがって同人誌を運ぶ際には慎重な姿勢と態度が求められるのである。

サークル入場口が閉まっちゃう

遅刻したサークルはイベント会場に優先的に入れなくなり、事前の準備ができなくなる。一般参加者の入場と区分するため、こうした措置がとられる。

階段は重い
階段ではキャリーケースが重い、の意。エスカレーターを使えばよさそうなものだが、イベント会場およびその周辺において、特に大荷物の場合、「エスカレーターに乗っている際に歩く」のは危険であるため、マナー違反となる。したがって、急ぐならばエスカレーターを使わずに階段をせっせと昇ったほうが早いことになる。

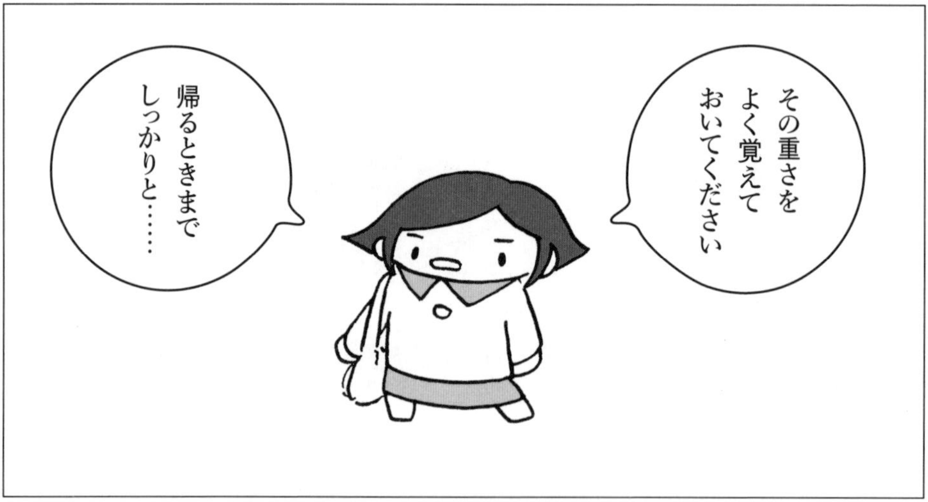

人が増えてきた
イベント会場に近づくにつれ、イベント参加者が路上に増えていき、「自分は今イベント会場に向かっているんだ」という実感が湧く。逆に言えば会場にどれだけ近づいても人の気配がしなければ、「場所か時間」のどちらかを間違えている可能性を疑ったほうがよい。

人波
多数の人間が押し合って動く状態のこと。大規模なイベントの会場やその周辺ではしばしば見られる光景。ただ、同人誌即売会などのイベントにおいては人波の目指す方向もイベントであり、同じ目的であるならば「人波にのまれたほうが安全」という考え方もある。人波にあらがう挙動はかえって危険であり非常な困難を伴うことも。

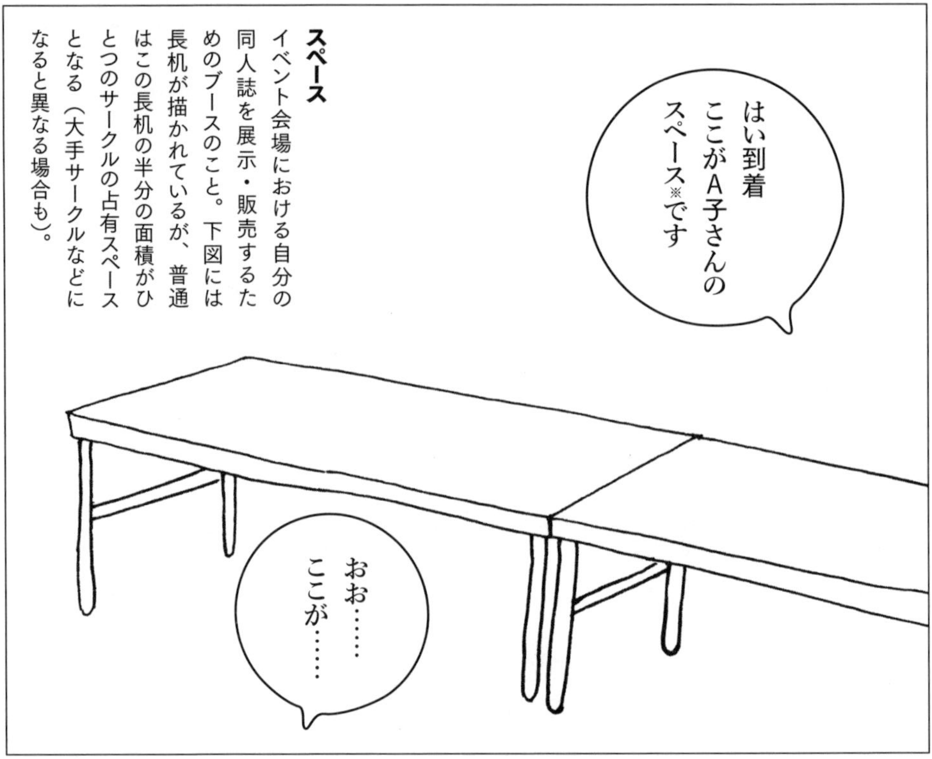
はい到着 ここがA子さんのスペース※です
スペース
イベント会場における自分の同人誌を展示・販売するためのブースのこと。下図には長机が描かれているが、普通はこの長机の半分の面積がひとつのサークルの占有スペースとなる（大手サークルなどになると異なる場合も）。
おお…… ここが……

まずは荷物を置いて……
この机の上のチラシは？

A子さんは勉強のためにもらって帰りましょう
オッケー わかった

そして最初にやるのはお隣のサークルさんにご挨拶※！
本日はよろしくお願いしまーす

お隣のサークルさんにご挨拶
基本的なコミュニケーションであり、円滑に当日のイベントに参加するためにも必ずしておきたい。挨拶とともに同人誌を渡される（無償譲渡）こともあるが、渡すことは別に義務ではない。「相手にもらったら、こちらもお礼に渡す」ぐらいに考えておくのがベストか。

よ……よろしくお願いしますッ（A子）
どうもよろしくお願いします

さあ次は設営ですよ
A子さんは同人誌を出してください10冊ぐらい

新刊は積みすぎるな
イベント当日に発表する新刊は、机の上にあまり積みすぎず、「やや品薄」感を演出したほうがよい……という同人活動におけるマーケティング戦略のひとつ。実効性についてはさておき、ここではB美の「積みすぎると売れないときにつらいよ」というA子に対する配慮の可能性も。

見本誌
イベント当日に頒布する同人誌のうちの1冊で、主催者に確認用として提出するものを指す。提出した同人誌は、「猥《わい》褻《せつ》表現の確認」がなされる他、主催者側によって保管され同人文化を守り伝える資料となる。

買い専
同人活動において、特に創作はせず、読み手として同人誌の購入だけを主軸とするスタイルを指す。卑下表現のように使われることもあるが、「買って読む」を貫くのも、文化の担い手としての立派な態度である。

ピンポンパンポーン
ただ今より
イベントを開始
しまーす
B美のヤツ
行っちゃった……おお
お隣さんの設営
なんかすごい！
世界観がある！
300
ゴリラ印刷
KILL

ポスター
同人誌文化における旗指物《はたさしもの》。新刊の内容や方向性を示す広報物であると同時に、広大なイベントスペースにおいて、各サークルの位置を示す役割も持つ。そのためポスターにはスペース番号が書かれていることも多い。

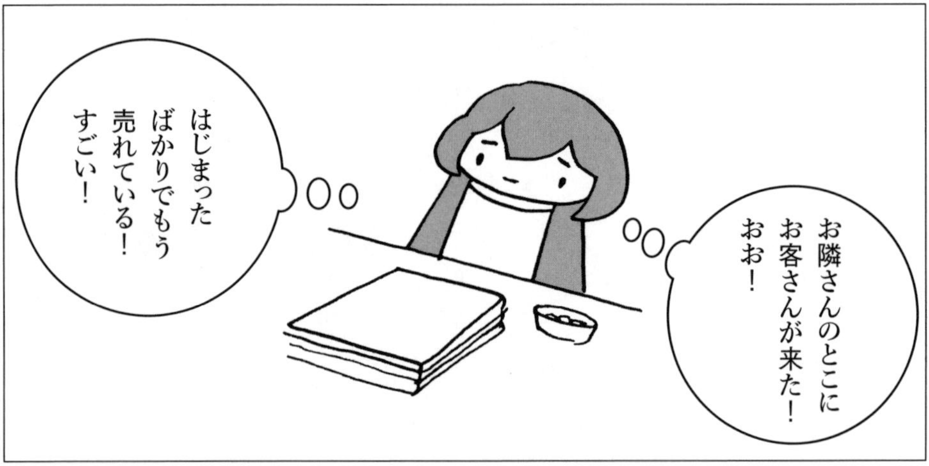

私のところも誰か来ないかな……
見てくれるだけでも嬉しいんだけどな……難しいか
わっ誰か来た
おっ
あのォすみませェん
見せてもらってもよろしいですか？※
見せてもらってもよろしいですか？ 同人誌の中身を見たいときに、サークルに対してかけるべき言葉。一声あるとお互い安心する。
えっ……ど……どうぞ？
どうもォ

手に……
手にとって
もらえたッ!
読まれている
私の同人誌が
……
パラパラ
読み進められている
……今この瞬間!
パラパラ
なんだろう
B美や社長に
読まれたときとは
違う気持ちだ

じーっ
私の同人誌のどこを読んでいるんだろう？
私の同人誌に触れて……何を考えているんだろう？
じーっ

うーん
ありィがとう
ございまァした
行っちゃった……
売れなかった……
でも……
読んでもらえた

見ず知らずの人が私の同人誌を手にして読んでくれた……
これはよく考えたら結構すごいことだと思うなあ
他にもたくさん同人誌があるのに私のを選んで読んでくれた
なんだかすごく嬉しいぞ……
もちろん売れたらもっと嬉しいのかもしれないけど

……とはいえ ヒマなときは ヒマだなあ

なんとかして この時間を 建設的に 過ごせないかな
そうだ…… 次の同人誌の 中身を考えよう

今回は勢いで描いちゃったからな……
もっとこう……訴えたいテーマを決めたらいいのかもしれない
すみません
この本見せてもらってもいいですか？
えっ……あっ……はいどうぞどうぞ

……わぁ
……じっくり
読んでください

……へえ
……あのその……雑な絵ですみませんね
なんせ初めての同人誌なもので…………

……うん
うん?

……えっと おもしろかった です
……これ ください
えっ!?

ほ……本気ですか？私の同人誌を……
買うだなんて……もっとお金は大切に使うべきですよ……マジで
お金は確かに大切ですけどおもしろいものに価値を認めることはもっと大切です
私はあなたの本がおもしろいと思いましたなので買うんです
40円
……ありがとうございます千円のお預かりで……
700円のお釣りです
ありがとうございました

……信じられない
私の同人誌をおもしろいって言ってくれた……

……私の同人誌が
売れた……
売れたんだ

[redacted]

ふぅ買った買った
楽しかったわー
お待たせしました
A子さん
そろそろ帰り支度
しましょうか
今日は
どうでした？
売れました？
お帰りなさい
それがもう！
聞いてよ！
ずーっとここに
座っていて……
売れたのは……

1冊!

私の同人誌を買ってくれた人はひとりだけ……

まあ初めての同人誌で初参加ですし
でもね――

私は今
ものすごく嬉しいし
ものすごく幸せなんだ

A子の語り その8

私の同人誌はおもしろい。
なぜなら、私の同人誌をおもしろいと言ってくれた人がいたからである。
私の同人誌のおもしろさを、私は証明できない。知らない。わからない。そのうち理解できるようになり、理解しながらつくるようになるのかもしれないが、現時点ではちっとも理解していない。
でも、それでよいのである。
たったひとり、私の同人誌をおもしろいと言い、買ってくれた人がいた。
その事実だけで私はどこまでも戦えるし、いつまでも思考を積み重ねられる——私がこの感動を失わない限り。そして、失わないためのコツは何かと自問した結果、私の出した答えは、「つくり続けること」である。
重たいキャリーケースを引きずりながら、クタクタになってイベント会場から帰ってきた私が着替えもせずに着手したのは、次の同人誌の構想を練る作業である。今回は中身をよく考えずに描いてしまったが、次回はもう少し考えたい。
何を？　もちろん、おもしろいと言ってくれた人のことを、である。

何がおもしろいと思わせたのか、どこをおもしろいと思ってくれたのか、なぜおもしろいという結論に至ったのか……それらを私は今、せっせと考えている。義務感からではない。考えたくて、考えているのである。

考える時間は、楽しい。同人誌をつくっていたとき……筆ペンを走らせている瞬間は混迷と困惑が混濁した意識に呑《の》まれるばっかりで、ちっとも冷静になれなかったが、こうしてイベントを済ませ、自分の同人誌が受けた評価（実売一冊）という現実と直面しながら重ねる思考は、私の中の熱量を静かに上昇させてくれる。

ふつふつと湧き上がるこの情熱を、私は大事にしたい。

現実に冷まされないよう、大切に守りたい。

ネットなどで同人誌および同人活動について調べた私は、私のおもしろい同人誌が、結果的には、おもしろいと思わない人波に揉みくちゃにされて紙の屑に堕《くず》そうとしている事実を知った。勝とうとすら思っていなかった私は、知らず敗北を手にしていたわけである。この敗北を私は愛したい。いつの間にか手にしていた、ずっと手に入れられなかった、この敗北は、間違いなく、私を明日へと繋《つな》ぎとめてくれる太いロープとなるはずなのだから。

COLUMN 5

イベントに参加しよう・その1

まずは申し込もう！

イベントにサークルとして参加し、同人誌を発表する側になるためには、まずイベントに申し込まなければなりません。開催日の数ヶ月前には申込締切があります。**いつまでに申し込めばよいかをチェック**し、サークルカットと呼ばれる「どんな同人誌を出すのかがすぐわかる絵とテキスト」を用意し、然るべき手順を踏んで、申し込みましょう。

準備をしよう！

イベントに参加を申し込み、同人誌をつくって入稿したら終わり……ではありません。用意するものはたくさんあります。まずは「釣り銭」。**同人誌の価格を決めたらそれに応じた小銭を用意しましょう。**目安としては百円玉を五〇枚、五〇〇円玉を二〇枚、千円札を一〇枚ぐらいでしょうか。そのぐらい用意すればまずお釣りに困ることはありません。他には同人誌が傷むのを避けるために「テーブルに敷く布」や同人誌がいくらかすぐにわかるようにするための「価格を描いたPOP」なども必要です。余裕があればポスターとポスタースタンドなども用意できると、スペースが賑やかになって楽しくなります。

挨拶をしよう！

当日、**イベントスペースに到着したら、まずはお隣のサークルさんに挨拶をしましょう。**有意義な同人活動をする上でご近所さんとのトラブルは最も忌避すべきポイント。円滑なコミュニケーションは大切です。挨拶と一緒に新刊を渡すのもありと言えばありですが、強制ではありません。先方が同人誌をくださったら、こちらも渡す、ぐらいのスタンスでよいでしょう。

同人活動で最も楽しいのは
イベントへの参加！
しっかり楽しむためには、
きちんとした準備が
必須だよ！

第4章

これが、私の人生だから

（第11話）A子、同人誌づくりに苦悩する最中、C太郎から人形撮影の手伝いを頼まれる。

第11話はA子の煩悶からスタートする。

第10話において、たった一冊、自分の同人誌が売れたA子は、しかし、確かな手応えを感じていた。その手応えを一時の感動で終わらせないよう、堅牢な経験へと昇華させるべく手を動かそうとしている——のが第11話の背景。

しかし、その意欲に反し、手はなかなかスムーズに動かない。やる気は大切だが、やる気だけで同人誌がつくれるわけではないことを教えるエピソードである。

動かない手を動かすものは、根性ではなく、効果的で意味のあるインプットなのだ……と筆者は考えている。

次のイベントは来月上旬

同人誌をつくることを日常に組み込むと、いつしか同人誌を発表する機会──すなわちイベントが「生活の時計」になる。イベント日から逆算して入稿日を決定し、それに沿って作業工程を組み、必要に応じて有給休暇を消化し……といった具合にイベントありきのスケジュールで生活してしまうのである。

間に合わせる

普通、同人誌に編集者は介在しない。つまりスケジュールを含め、すべてを自分で管理し、関連する作業のすべてを自分で実行しなければならない。間に合うかどうかも自分次第。甘えたりサボったりしても誰も叱責してくれない。それが同人誌のつらさであり、楽しさでもある。

つまらない気がする

同人誌をつくっていると必ず陥る自己不信。最初はおもしろいと感じても、作業を進めるうちに不安になり「なんでこんなことしてるんだ私は」と自己否定をはじめてしまう。この心理状況を乗り切るのは容易ではなく、相応の経験が必要になってくる。同人誌初心者ならば葛藤もまた勉強と思うようにしたい。

とりあえず出すことを優先

時間には限界がある。傑作をつくろうとしたが時間切れ……よりは欠陥があったとしても新刊を出す、という態度は同人誌の経験値を積む上では間違いではない。惰性でそうするのはよくないが、「心残り」をあえて新刊に含ませるのも戦略のひとつ。

とはいえ
画期的な
アイデアがある
わけでもない

休憩して
気分転換※を
しよう

気分転換
クリエイターの必須作業。同人誌の制作においても重要なタームであり、自分の責任において作業しているとはいえ、疲労は避けられない。もちろん「同人誌が趣味の範疇《はんちゅう》であるならば、それ自体がもう気分転換なのでは?」とする指摘も正しい。とはいえ疲れて作業がままならないよりは、休んだほうがよい。

同人誌屋さんで
買った同人誌を
読もう……うーん
やはりすばらしい
同人誌を
つくりながら
読む同人誌※は
なおさらいいな

同人誌をつくりながら読む同人誌
同人誌制作中における休息時に最もやりがちな行為が、この「休憩しながら同人誌を読む」というものである。誰かの優れた同人誌を読むと、端的にモチベーションがアップする。やる気の増幅は作業の継続に不可欠であり、それを同じ土俵でがんばる同士の作品から得るのは誤った姿勢ではない。ただ、それなりに時間を奪う行為でもあるので、そこは注意が必要と言える。

やっぱり
うまいなー
素敵だなー
どうしたらこんな
風におもしろい
同人誌が
つくれるんだろう
……いやきっと
この人もたくさん
つくったから
こうなったんだ
よし
やる気
出た!

失敗
同人誌においては存在しない概念だと思ったほうがよい。どんなミスも同人誌では自己責任……逆に考えればどうなっても「私が悪い」のだから、怯《おび》える必要などないのである。他人に迷惑をかける種類の失敗でなければ、それはもう失敗とカウントしなくてよいし、過度に反省する必要もない。

[redacted]

ダメだ本格的に休もう
つまらないかもって迷っていたら余計時間がかかる

なんか激しいインプットが欲しいな

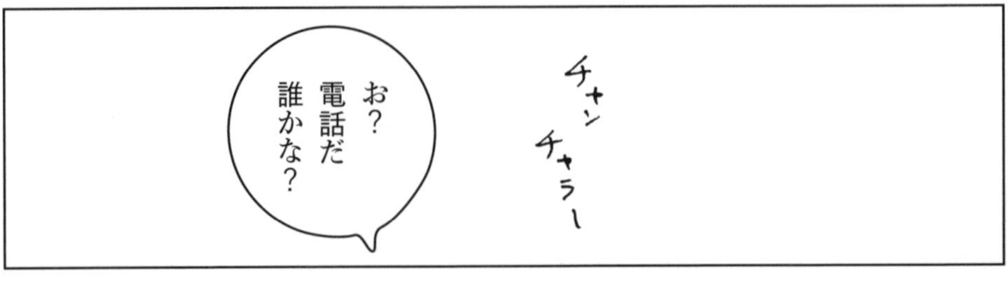
チャンチャラー
お？電話だ誰かな？

チャン
チャラ
B美
B美か……休日に何だろう?
もしもーし
うんヒマ……余計なお世話だ
どうせアラサー独身女は休日に同人誌つくるぐらいしか……
ん?助っ人?
草野球の?違う?

同人誌制作のアシスタント
本来の同人誌には「同人」、つまり同好の士の集まりといった意味があるため、複数人が協働して1冊を編むのは正しいスタイルである。この場合は作業を手伝う意味でのアシスタントであり、入稿直前の修羅場時に頼む場合などがある。依頼できる親しい仲間がいるかどうかがポイントとなる。

休日に男の家に出かけていることになるな……
まあなんとかなるだろうしなんにもならないだろう
ごめんくださいー
おおよく来てくれたな休みの日にすまん感謝する

アシスタントってことで来ましたけど私は何をすれば?
来月出す同人誌をつくっているんだが……お人形の撮影がかなり遅れている
撮影に集中したいのでお人形のスタイリングをお願いしたい
ああなるほどこの前言っていたお人形の写真集ですね
そうそれフルカラーで64ページの予定なんだ

パブ目
パブリックな目線、の略称か。客観的視点の構築は同人誌制作には重要で、主観的な思い込みだけで突っ走りがちな姿勢を抑えてくれる効果を持つ……のだが、これがかなりの難事業。主観的であるからこそ同人誌は楽しいのであり、そこに自制的に客観的視点を導入するのは、相当の研鑽《けんさん》が必要となる。

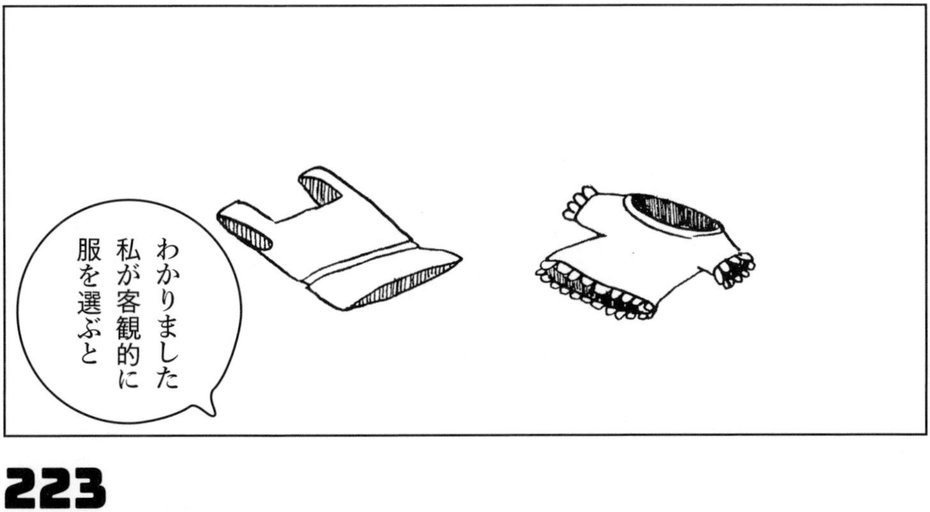

わあ いっぱいある
ふええ コレ全部 C太郎さんが つくった服ですか かわええ～

ありがとう だが眺めている ヒマはない！ なんとしても ……
今日中に 50カットは 撮影したいんだ 早速着替え させてくれ！

はーい えっとどれに しようかな…… なんか楽しいな

よおし撮るぞぉ
いいねいいね メッサカワイイでちゅね~ お洋服似合ってまちゅね~
パシャー
パシャー
おーっし その笑顔いただき! 最高でちゅねー 霧吹きかけていいぜぇ 次の準備頼む!
はーい すぐに! 霧吹き?
霧吹きは 気にするな! メリッサちゃんは 早寝だから 先に撮るぞ!

メリッサちゃん？
どれです？
鳶《とび》色の瞳を持つ
少女だ！
語感でわかれ！
服は清楚《せいそ》かつ
健やかなので！
わかるかよ！
ていうか清楚かつ
健やかって
どんなんだよ！
……これかな？
こっちでも
可愛いかも……
つうかC太郎の
鬼気迫る感じ
すごいな……
モデルさん
スタンバイ
できましたー
この気迫は
私の同人誌に
足りなかったもの
かもしれない……

[redacted]

ふう……終わりましたね
ああ……助かったありがとう
写真はうまく撮影できました？
これから現像※に出すけど多分バッチリだ
現像
どうやらC太郎はフィルムで人形を撮影していたらしい。効率を気にせず好きなようにこだわりを貫けるのも同人誌の魅力である。
よかったです……それでひとつお願いが
なんだ？

あの……C太郎さんをモデルにして同人誌をつくってもいいですか？
ん？別にいいけど？
あら？あっさり
どんな話だ？お人形づくりに夢中なリーマンの物語か？

お前が同人誌をつくっているのは知っているしこうやって俺の本に協力してくれたし
ネタづくりに協力できたなら俺も嬉しい
ありがとうございます
C太郎のことを漫画にしたらきっとおもしろい同人誌になる気がする……

身近な知り合いをモチーフにする

同人誌に限らず、またフィクション／ノンフィクションの別に関係なく、取材対象やインスパイアされた事物事象に対しては最大限の敬意を払うようにしたい。最低でもA子のようにモチーフとなる当人の許諾は必要であるし、創作物に関係すると思われる各位の事前の諒解《りょうかい》は得ておくようにしよう。そのあたりを無視し、架空の存在だと強調して「物語」を構成するのは、あまり得策ではない。結果として「味方」が減ってしまうからである。

A子の語り その9

自分でつくったお人形に、自分でつくった服を着せ、自分で撮影し、自分で写真集をつくる……その行為に夢中となるC太郎の姿は、私にとって確かな啓示となった。
曰《いわ》く、すべてを自分でやれ。
それこそが同人誌なのかもしれない。誰に強制されるわけでもなく、つまらないルールに束縛されることもなく、自分だけを頼りにがんばるもの。
それが同人誌の特性だとすれば、私とC太郎との差異を決定づけるものは、自分という器の強度である。
私の器はまだ強くない。脆さがある。芯がないから何かを注ごうにも、何かで満たそうにも、とても不安定で、ままならないような気持ちになってしまう。だから私は二冊目となる同人誌をつくろうとしても、どうも今ひとつ楽しめず、そわそわした気持ちにばかりなってしまっていたのである、きっと。
対してC太郎は強い。しっかりとした器があるから、ガンガン注いでいける。己の情熱を溢《あふ》れんばかりに満たしていける。お人形の撮影を手伝って、私はそう感じた。
なんでもそうだが、優れた他人を教科書にできるのは幸せなことだと思う。

C太郎の家からの帰り道、私は撮影を手伝えたことを、かなり感謝していた。自分に足りないものがわかったという喜び、そして何より……その不足を感じ取れた私という人間の、自分で言うのもアレだが、一種の成長に、私は興奮していた。

そうとも、私の器はまだ脆い。固まっていない。だがそれは「まだ柔らかい」という見立てをすることも可能なのではないだろうか？

柔らかいということは、そこに微かな可塑性《プラスチック》を見ることもできる。つまり、私という器はまだ変わるし……変えられるという可能性があるのだ。

となれば、落ち込む理由も消える。C太郎の家に行くまで私が抱えていた「つまらない思考しかできない自分への軽い憎悪」は、帰り道ではすっと消えていた。

それでいいのである。そこから変わればいいだけの話。そして私にはまだ変わる力がある。

さしあたって、変わる契機となってくれたC太郎本人を、私は私の中で消化しようと計画した。私を変えた事件を私が呑み込み、私の血肉とするために……私はそれを同人誌にしようと考えたのである。

（第12話）A子、会社の昼休みにて、同人誌のおもしろさについて助言を受ける。

第12話は、A子がビジョンを得るくだりである。

第11話においてA子は自ら突撃して、思考の端緒を摑《つか》むことができた。

が、その事実と、自分の同人誌への漠然とした不安は、簡単に相殺できるものではない。新しい着想を得たからといって、すぐさまそれを自信に変えられるほど、A子の経験値は高くないのである。

そうしたときにありがたいのが、先達《せんだつ》の言葉である。ベテランの言葉は、それが虚栄や虚飾ではない限り、必ず価値を持つ。さして意図せずそれと出会えたのは、A子の変容がその機会を呼んだのか、はたまた単なる幸運か――。

評価面談
あがらない、もしくは微増しかしない給与について労働者を納得させるための儀式。それ自体がかなり生産性を阻害するものであるため労働者も雇用者も不毛に感じているが、それを口に出せないのが日本の労働環境である。

プロット
物語構造の「外郭」を意味する言葉。あらすじと解釈するのも可。ここではより広義の意味で「同人誌をどう進めるか」というA子の考えも含んでいるのかもしれない。

表紙
10、145ページでも語ったが、同人誌における顔となる表紙は、つくり手の愛が凝縮する舞台でもある。創意工夫が光る部分でもあり、またそこを考えるのは同人誌をつくる上でもかなり楽しい過程となる。

やっほーA子さん昨日はどうでした？
おおB美……昨日は電話くれてありがとう楽しかったよー
やっぱり！A子さんの同人誌の学びになると思ったんです
なったよー愛の深さを知ったね

愛の深さ⁉
きゃーもう
そんな関係に？
違うそうじゃない
……同人誌への
愛ってヤツよ
クリエイターに
必要な愛って
ことね……私に
なかったもの
確かにC太郎さん
のお人形本は
有名ですから
あの高い
クオリティは
愛ゆえなのかも
しれません
私も同人誌を
つくるからには
あの境地を……
目指したいって
思ったのよ

同人誌の話は自重

同人誌関連のトークについて「社会人として弁えるべき」と考えるタイプは、その手の話題が無関心な人の耳に届くことを是としない。趣味の会話なのだから別段問題はないが、不快に感じる人がいるかも……という配慮は必要な場所では必要である。

ふっ…… C太郎も まだまだね 囀《さえず》るのは 女の権利――
その調べに 耳を傾けるのが 男の義務なのよ

それで何の話? 同人誌とか 聞こえたけど
そうなんです 私たち 同人誌やって まして……

同人誌…… 懐かしいわね〜
あれ? 同人誌つくって たんですか?

晴海
40年以上の歴史を持つ「コミックマーケット」は、現在は東京ビッグサイトでの開催が主だが、80年代初頭から95年までかつて存在した東京国際見本市会場で開催されたことがあり（途中、東京流通センターや幕張メッセが会場になったこともある）、その所在地が「晴海」。そこから過去のコミケを指す文脈が生まれた。

すみません下種《げす》な質問ですが最盛期はいくら稼いだんですか?
さあ? 自分で数えたことないから覚えてないわ
会社員としてのお給料よりは上だったわね間違いなく
売上数えるの大変そう
税務署員が数えてくれた※のよその場で
税務署員が数えてくれた 同人誌文化が経済的に最も派手だった80~90年代、超人気サークルには「正しい納税額を計算するため」に税務署員がやってきて、売り子の手伝いをしてくれた……というまことしやかに語られる伝説がある。真偽のほどはわからない。

いいなあ……私はどっちかと言うと「売れたい」から……憧れる
売れる売れないは同人誌の本質じゃないわ
人気が欲しいのはわからなくもないけどそこだけにこだわると苦しくなるわよ
私はまだ初心者なんで人気はよくわからないんですけど……
おもしろいおもしろくないは気にしたいです

自分の同人誌がおもしろいかおもしろくないか……
それを決めるのはね自分よ
読者とかじゃなく?
読んでくれた人の言葉は大事よでもそれがすべてでもない
結局は自分を信じられるかどうかなのよ同人誌って
なるほど……

A子の語り その10

世の中に案外同人誌の猛者《もさ》が多いことに驚きつつ、それでも呆れられないのは、彼らが一様に私に小さくない教えをもたらしてくれるからだろう。

おもしろいかおもしろくないかを決めるのは、自分。

このアドバイスはひときわ刺さった。私の同人誌は読者の意見が私の耳に届くほど広まってはいないため、他人の言葉に惑わされる段階には至っていない。

したがって、私が私のつくりかけの同人誌を「つまらない」と感じていたのは私自身の感覚がベースになっている。ところが先輩の言葉を借りるならば、その状況を打破できるのは、やはり私ということになる。私が私の同人誌をおもしろいと思えるかが、私の抱える「つまらない」を消す唯一の方法ということだろうか。

これはなかなかハードルが高い。

が、高いからこそ、私は燃えた。C太郎をモチーフにした物語を完成させて、それをおもしろいと感じられるようになろうと決意した。私がおもしろいと思えるものになれば、それはおもしろい同人誌として完成することになる。

他人の言葉はアテにしてはいけない。私は私を信じるより他にとるべき道はないのだ。

そう思い込むと、作業は思いの外、捗《はかど》った。C太郎は私にないものをたくさん持っている。私はそれらへの憧れをただひたすら絵と言葉にするだけでよかった。それだけで同人誌のページはサクサク増えていった。今もって考えながら描くことをしてしまっている私だが（つまり、未だにネームというものを用意せずに同人誌をつくっているのだが）、それでも作業は滞りなく進んだ。つくっている最中の迷いは、もう生じなかった。

三日ほどペンを走らせ、一冊目よりはだいぶマシになったデジタルでの作業をコツコツ二日ほどやると、同人誌は完成した。B5サイズ、四四ページ、本文モノクロで、価格は四〇〇円にしようと決めた。一冊目と同じ印刷所に依頼し、入稿し、前回よりは手際よくすべてを進めることができた。ポスターの印刷も頼んだ。これでいよいよ、かなり同人誌を楽しむ風情が身についてきたのではないかという、軽い高揚感が私を包んだ。

結局のところ、私を苦しめていたものは、前に進もうとしない、いや進めるはずの私を引っ張る、私自身の重たい影だったのかもしれない。

影を振り払うと、私は簡単に前に進むことができた。

それが拙い、素人丸出しの、お遊戯じみた手慰みであることは、私も否定しない。実際その通りであり、その事実をぶち壊すほどの気概はまだ私にはない。

ただ、影に引っ張られて前方の視界を閉ざしていた頃とは違い、私の目には、労働をベースとした「変わらない日常」が、変わらないまま、少しく光って見えるようになった。

おわかりいただけるだろうか？　変わらないものが、変わらないまま、かつてとは違って見える――ことの興奮を。

同人誌をつくるようになったからといって何もかもが急変するわけがない。わけがないのだが、同人誌をつくるようになった私と、同人誌をつくらなかった私とでは、変わらないものを知りつつ、そしてそれを変わらず受容しつつ、そこに向けられる視線と、そこから発する思考とが、従来とは違うもの――それを今の時点で言語化するとすれば……餓えていると悟ったがゆえの充ち足りた思いだろうか――だと理解した点において、まるで別人なのである。

まったく、同人誌にはもう、感謝しかない。

（第13話）A子、再びイベントにて同人誌を発表し、C太郎、A子に告白する。

第13話は、続くA子の語りとあわせて、本書のフィナーレでもある。
ある人から見れば、A子は何も進歩していないと映るかもしれない。またある人にとっては、A子の行動のすべては、少し珍しいだけの趣味に没入しているに過ぎないものかもしれない。筆者としてはどのような受け止められ方も、静かに首肯したいと考えている。
ただし、A子が示そうとする道だけは、しっかりとこの紙の上に刻みつける覚悟である。

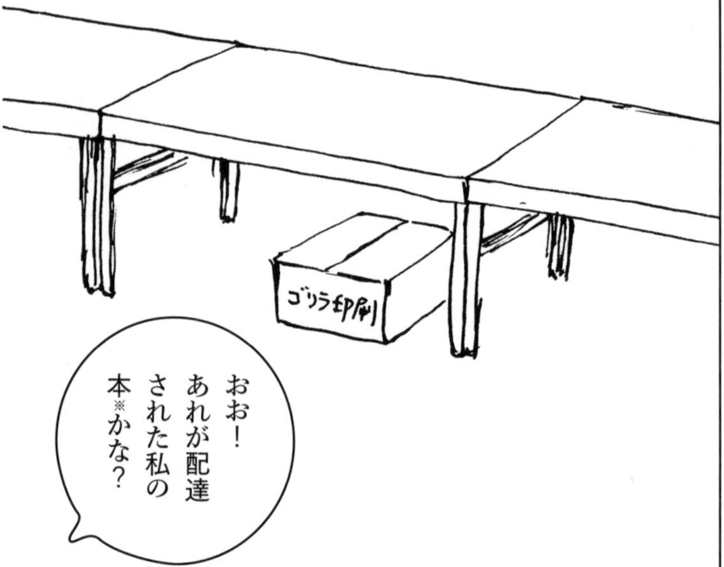
ゴリラ印刷
おお！あれが配達された私の本※かな？

配達された私の本
第10話ではキャリーケースに本を詰め込んで会場まで運んできたA子だったが、今回は他者の力を使って同人誌を搬入したようである。このケースには主として宅配業者が運んでくれる「宅配搬入」と印刷所が直接会場まで運ぶ「直接搬入」がある。

直接搬入※ってすごいなあ……というより物流って立派だなあ

直接搬入
上のコマで説明した通りだが、直接搬入は上図のように「自分のサークルスペースの机の下」まで運んでくれるのが特徴的。対して宅配搬入は普通、会場内の一箇所に集められ、依頼者はそこまで回収に行く。印刷所はいついかなるときも直接搬入をしてくれるわけではなく、イベントの時期や開催場所、イベント内容によってはしてもらえないこともある。きちんと確認するように心がけたい。

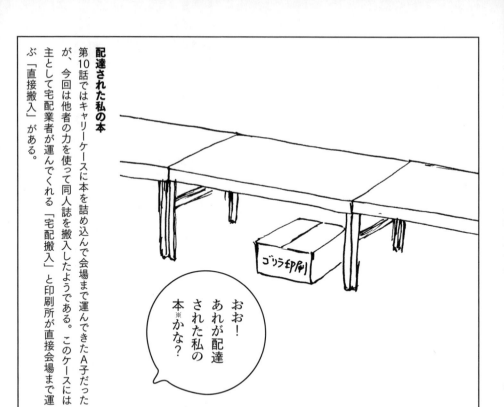

ちゃんとできている
直接搬入であるため、今回Ａ子は会場に来る前に「完成した自分の同人誌」を見ていない。イベント当日、はじめて手にして確認している。同人誌においてはごくごく当たり前の工程だが、最初の頃は「ちゃんとできているか、きちんと届けられているか」が不安になるのは無理からぬことである。

さあ感動
している場合
じゃない
ポスターを
立てよう※
キュキュ

ポスターを立てよう

右はポスタースタンドを組み立てている様子。軽量で携帯性に優れた折りたたみ式、組み立て式のポスタースタンドは実際に市販されている。あると手軽にポスターを掲示できるため、同人誌道を進もうと思うなら、ひとつは手元に置いておきたいアイテムと言える。

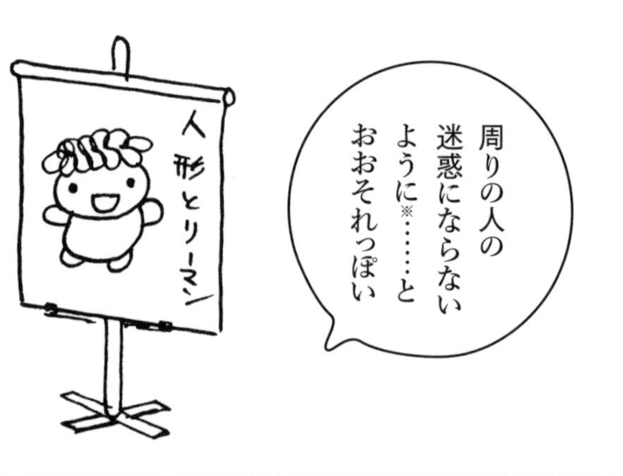
周りの人の
迷惑にならない
ように※……と
おおそれっぽい
人形とリーマン

周りの人の迷惑にならないように

ポスターを掲示するときは、周囲のサークルスペースにはみ出ていないか、通行の邪魔になっていないか、などなど、迷惑をかけないように気をつけよう。目立とうとするのは大切だが、それ以上に周囲への配慮は重要である。参加サークルの多いイベントではポスターの転倒などにも気をつけたい。

箱から新刊を
取り出して……
まあこんなもんか
よいしょ

ふう……これで準備はよし お……はじまった
前回のイベントで売れたのは1冊 今回はどうかな
一応Twitterとかで宣伝はしたけど……フォロワー少ないしなあ
すみませーん 本いただけますぅ？
ふへっ？私の本ですか？ええどうぞどうぞ
ネットで見てぇ おもしろそうって思ってぇ
ハワワ

千円で
お願いしますぅ
ありがとう
ございます
お釣りと本です
本は立って
渡せ※とB美に
言われた
400円
本は立って渡せ
特にマナーがあるわけではないが、サークルスペースに立ち寄ってくれて、本に興味を持ってくれて、あまつさえ購入まで決断してくれた人に対する礼儀としては、座ったままよりも相手と同じく立って接するべきではないか……とB美は考えA子にそう言ったのかもしれない。
すみません
新刊ください

わ！
また来た！
ありがとう
ございます
こちらが新刊です
400円

すみません
新刊１部
くださーい
ありがとう
ございます！
すごい！
なんだか
楽しい！

[redacted]

ふう……結局
開始2時間で
10冊も売れた
前回の10倍も
多くの人に
読んでもらえる
これは
嬉しい

おもしろいと信じてつくった同人誌が……
おもしろそうと思ってもらえた……のかも
400円
……自信を持ってもいいのかな？
あーすみません
400円
見せてもらってもいいですか？
くいっ
もちろんですどうぞどうぞ

ほぉういわゆるエッセイ漫画の手法に則った「つくり手主人公」系ですな～いや失敬w小生このジャンルに
いささか関心がありまして～それにしてもデュフフこれ……
ちょっと主人公の内面描写が薄弱と申しますか描き手の主人公のモデルへの理解が弱いようにも思えますねぇw
モデルの考えはこうじゃなかったかなと
えっと……そりゃ他人をモデルにしてますから
理解には限界が……アナタならわかるって言うんですか?
わかるさ

そりゃ俺の
ことだからな
俺がわからない
わけがない
へっ？
俺だ俺
シュル
あっ
C太郎さんだ
ハクワ
すぐ気づけよ

わざわざ来てもらってすみません
終わったら本を渡しに行こうと……
でもC太郎さんの言うように……踏み込みというかもっと考えるべきところがあったかも
前回よりはおもしろい同人誌をつくれた気はするものの……私はまだまだです
なあA子

俺と結婚しないか？

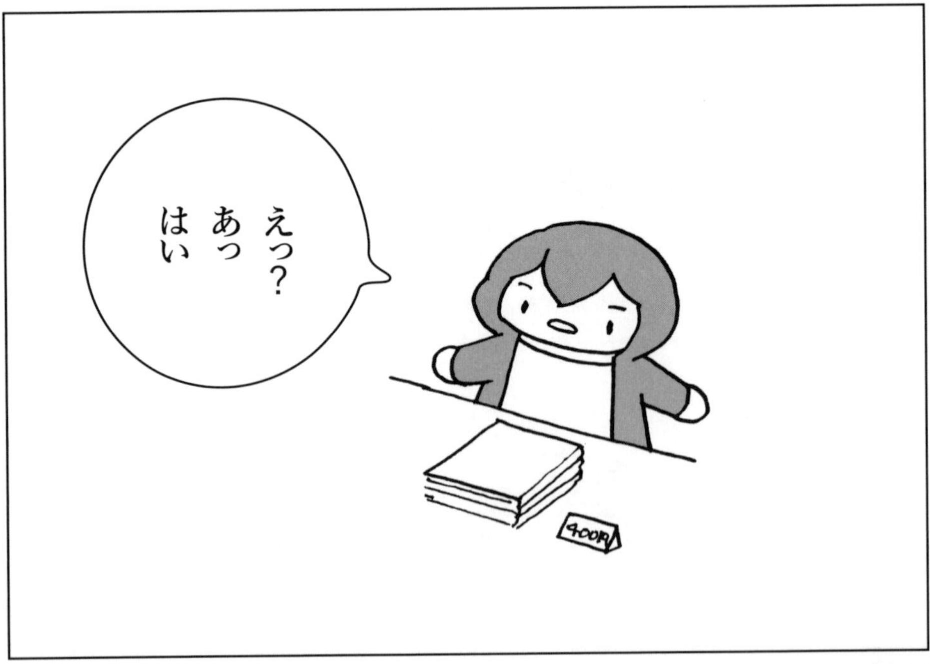
えっ？あっはい

よし！
働きながら
同人誌をつくれる
楽しい家庭を
約束するぜ
あーそれは
楽しそう
だろ？
じゃあまた
明日会社でな
はーい……
プロポーズ
された……
まあいいか

A子の語り その11

同人誌が私を、腐った機械ではない人間にしてくれた。何しろ伴侶までもたらしてくれたのである。惰性で生きる屍《しかばね》のようだった私の人生は、同人誌のおかげで、真人間的になれたのだと私は断言する。

要するにここまでの道のりで、私が語りたかったことは、感謝なのである。

同人誌に対する、同人誌とその周縁の文化に対する、感謝。

そして何より、同人誌を愛する人々に対する、よりいっそうの感謝。

これを捧げたくて、みすぼらしいものではあるものの、私は私の物語を編んだのかもしれない――いや、編んだのだ。つくったのだ。

もし、今、働くことで苦しんでいる人がいたとしたら、生活そのものに希望はもとより悦楽をひとかけらも感じられない人がいたとしたら、生きることに倦《う》み疲れ、もうたいていのことがどうでもよくなってしまっている人がいたとしたら――私は声を大にして言いたい。

同人誌をつくろう。

同人誌をつくれば、労働のつらさはちょっとだけ軽減される。
同人誌を愉しめば、ライフスタイルの途上で顔を出す小さなワクワクに、かなりの頻度で出会えるようになる。
同人誌で表現すれば、生きることがいきなり素晴らしいものになるわけではないけれど、生きる上での柔らかい刺激がそこそこたくさん得られるようになる。
同人誌をつくれば、あなたは新しいものを得られるのである、確実に。

偉そうに言えばその効用を私は伝えたくて、同人誌づくりを続けている。

もちろん私程度の人間が、同人誌の魅力をつぶさに伝えきれているとは思わないし、思わないからこそまだまだ続けようと思うのだが、ともあれほら、こうやって何かをする理由は手にしているのである、私は。
その意味では、語り残したことはまだまだあるが、ひとまずここで私は擱筆《かくひつ》する。

確かなことは、私がこれからも同人誌をつくり続けることと、あなたがこれからつくる同人誌を——私が心待ちにしていること、それだけだ。

COLUMN 6
イベントに参加しよう・その2

お品書きは必ず用意しよう！

イベント当日、どんな同人誌をいくらで頒布するのかをまとめた一覧表を「お品書き」と呼びます。**お品書きを用意したら、事前にSNSなどで告知しましょう。**参加者はサークルカットやサークル配置図をまとめた「カタログ」を読む以外に、SNS上でも当日回るべきサークルを決める「サークルチェック」をします。インターネットを利用したサークル活動の告知はとても大切です。慣れてくるとSNS上での反応を見て、当日のサークル来場者数などを予想できるようにもなります。

設営のコツ

イベントスペースに到着してお隣のサークルさんに挨拶をしたら、設営開始。大量に置かれているチラシをまとめ、印刷所から届いている段ボール箱を開梱《かいこん》し、完成した同人誌のでき栄えを確認。このとき、段ボール箱をたたまないようにしましょう。少なくともひとつは箱の状態で置いておきます。それから、布を敷いて、本を並べて、POPなどで飾ったら完成です。**焦らずに設営できるよう、時間に余裕を持ってイベント会場に到着するように**心がけましょう。

撤収のコツ

撤収はスピーディーに。余った同人誌や購入した同人誌は段ボール箱に詰めて家に送ります。余った冊数にもよりますが、**搬出する荷物の量が多くなりそうなら、大きすぎない台車や折りたたみ式のカートなどを持っていくのもよいでしょう。**大きなイベントであれば、必ず会場に宅配搬出のためのエリアがありますが、イベント終了後はかなり混雑します。それを回避したい場合は、イベント終了時刻よりも少し前に撤収をするのもアリかもしれません。去り際はやはりお隣のサークルさんに挨拶を忘れずに。

設営は丁寧に、
撤収はすばやく、が基本だよ。
お隣のサークルさんに
迷惑をかけないように
気をつけて！

第5章

みんなのその後のお話

A子とC太郎のその後

写植
写真植字の略称で、ネガ状の文字盤を用いて漫画のセリフなどの版下を作成する工程を指す。ここではスキャンした絵にPC上でセリフを打ち込む作業を意味し、本当に写植をしているのではない。

まさか
ここまで
同人誌にハマる
とは……
A子〜
奥付だけど
発行者※って
どうする？

発行者
発行物としての書籍の責任者のこと。出版社の社長や編集長が担当するのが一般的だが、同人誌の場合はサークル名やサークル代表者が記される。

同人誌が
私の生活を
……人生を
変えたなあ
A子＆
C太郎で
どう？
サイモン＆
ガーファンクル
みたいだな
悪くない

このページを
描いたら終了！
お待たせして
ごめんなさい
突発的に同人誌を
つくりたくなる衝動は
誰にも抑えられん
正しい欲望ってヤツさ
ありがとう

30分後

よーしあとは
プリンターに
任せよう※
ウィーン
ウィーン

プリンターに任せよう
自宅のプリンターを用いてコピー本をつくる際は、必要な用紙の枚数に注意。例えば、A5サイズ、12ページのコピー本を30部つくるとすると、両面印刷でA4コピー用紙が90枚は必要となる。インクジェットプリンターであればインクの消費にも気をつけたい。

その間に
俺たちは
……
明日の
持ち物確認※
をしよう

持ち物確認
何をどのように持っていくかを確認し、持っていきやすいように整える作業。イベント前日は作中の例のようにドタバタすることが多々あり、忘れ物をしやすくなる。

初の夫婦参加！
忘れ物はしたく
ないもんね

ポスターの入った箱↓
卓上POPスタンド↓
サークルチケット↓
ズデー
↑ポスタースタンド
だいたいこんなもんか……あとはゴミ袋とか筆記具とかだな
コインケースと養生テープとカッターは私のリュックに!
ズーン
問題はコレだな……A子と俺の在庫……カートで引くか
うう……私が事前の宅配搬入の手続きを忘れたせいで
いやA子のせいじゃない……先週はお互い残業続きだったし忘れもするさ
でも明日の満員電車にこれ持って乗るのは……

大丈夫 いざとなりゃ 俺が持つ
ベビーカーだと 思えば全然 余裕さ
ありがとう C太郎さん
失敗するのは 同人誌をつくる 上での権利だ
そして失敗から 学ぶのが同人誌の 醍醐《だいご》味《み》だ
おっと プリントが 終わった みたいだな
いえい

わあ
ちゃんと
両面印刷※で
刷れてる！

両面印刷

1枚の紙の裏表に印刷をすること。家庭用インクジェットプリンターの場合、表面の印刷が終わったら、紙を自分で差し替えて裏面の印刷をする必要がある場合も。印刷方向や印刷面の裏表の確認が重要。

コピー本で
大事なのは
丁合※の確認
ページ順序が
正しくなるよう
紙をそろえて
……
トン
トン

丁合

紙をページ順に整えて、本として正しく読めるようにする作業のこと。正しくは、紙をページ順に折り畳んだ折丁を合わせるという意味。両面印刷でコピー本をつくる場合、「ページ順で印刷されているわけではない」ため、気をつけるようにしたい。慣れるまではその前段階である面付けを含めて、難しい作業かもしれない。

この中綴《なかと》じ
ホチキス※で
製本する

中綴じホチキス

ハンドルが通常のものよりかなり長く、針が出る部位が遠くに位置するように設計されたホチキス。なくてもやりようはある。

丁寧に……
ガチャコ
よし 1冊完成
わあ やったぁ
はい どうぞ
ありがとう! 可愛い本が できた!
コピー本も いいもんだろ? 同人誌やるなら 一度はつくら なきゃな

B美もコピー本をつくると同人誌の経験値があがると言ってた！
目の前で自分の本ができあがる体験って確かになかなか味わえないかも！
だろ？俺も一番最初の同人誌はコピー本だったよ
さあ全部製本したら寝るぞ明日早いし
はーい……って土曜の夜ですが？
イベント前日は体力温存！ほら歯磨きしてとっとと寝るぞ

B美とD輔のその後

そういえば会社の同僚とA子さんが結婚したの
D輔さん覚えてる?私の同僚のA子さん
ああ!一緒に同人誌ショップに行ったあの人か
結婚!そりゃあおめでたいね
相手のC太郎さんも同人誌をつくる人なのいわば私たちが……
つくった出会いとも言えるのよ
A子さんに同人誌のイロハを……
教えてあげたのはB美だもんね確かにそうだ

同人文化が家族というミニマムなコミュニティにいかに影響するか……
モグゥ
あるいは……結婚におけるサブカル全般のプラスファクターを洗い出してみて近未来の家族観を提案するような論考を準備してみようかな……ブツブツ

なんにせよ身近な人たちの素敵な話は心が元気になるね
パク
……そうねぇ

ふーごちそうさまお皿洗いは僕がやっておくねB美は休んでて
プフ
ありがとうD輔さんもムリしないでね明日は講義で早いんでしょ?

1時間後

博士論文
D輔は大学の非常勤講師で研究者という設定。一般的に博士論文とは博士課程在籍時に博士学位取得のために提出する論文を意味する。審査の結果、学位授与とならない場合も当然ある。

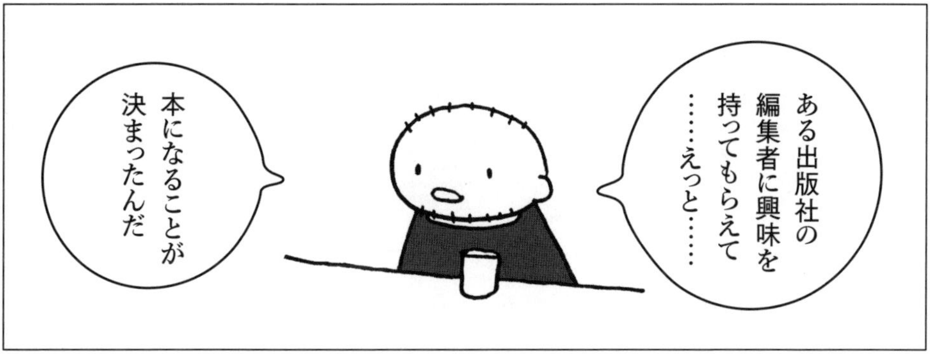

印税は少ない
博士論文をベースとした書籍化において、特に著者が若手研究者である場合、出版社は印税率を低く設定するのが慣例。著者側も別に印税で稼ぎたいとは思っていないため成立する。

そんなの関係ない！著者としての第一歩！
ワーイ
本が出たら盛大にお祝いしましょ！
ありがとうB美……
それでものは相談なんだけど……
本が出るからってわけじゃないけど僕もこの件で社会に認められた気持ちになれたっていうか……
まあもちろんのぼせ上がるのは自重したいところだし第一経済的には何も変化しないからアレだけど……とはいえ……
……つまりだ僕が何を言いたいかを明確にすると
すると？

僕と結婚してくれませんかってことなんだ
なんだそんなこと！喜んでお受けします！
……ありがとうていうかなかなか切り出せなくてごめんね
ぐっ
全然気にしてないハッピーエンドなら4クールあっても我慢できるし

というわけで早速だけど来週か再来週の休みにB美のご両親にご挨拶に伺いたいんだけどどうかな？

それはムリ来週も再来週も這《は》ってでも行きたい同人イベントがあるから
ノウ

……さすが僕が愛した人だ
照れるぅ〜褒めても何も出ないよ？

同人誌をつくったら人生変わった件について。——完

あとがき

この作品、実はエッセイである。もちろん、本書がひとつの物語であり、漫画であり、小説のようでもあり、いずれにせよフィクションである事実は疑いない。しかし、タイトルが示す「同人誌をつくったら人生変わった」という効用から考えてみると、本書はちっともフィクションではない。それは私にとって圧倒的な現実であり、その意味ではノンフィクションであり、私が私の経験を語ったという点において、随筆的であり、つまるところエッセイなのである。

主人公であるA子というキャラクターの歩んだ軌跡は、そのまま私が三〇歳から辿ってきた道筋に重なる。夢も希望もなく、ただ毎日をつまらないと感じながら生きているだけのサラリーマンだった私は、あるとき、ごく身近な人の同人誌に対する情熱を知り、その情熱の源泉を知りたいと願い、知るためには私もつくらねばと思い、たどたどしく漫画のようなものを描き、おっかなびっくり印刷所に入稿し、同人誌をつくり、同人誌即売会に参加し、しかし一冊しか売れず……という、A子とほぼ同じ体験をした。

が、私はむしろそこから同人誌という文化に、その深い世界にどんどん没入していった。つくればつくるほど、周囲の人々のレベルの高さやおもしろさと出会え、自分がやりたいことや表現したいことなどが次々と湧き上がり、私は同人誌に夢中になった。作中のA子のポジティブな側面は、作者である私の性格をそのまま写したものなのである。

その後、作中にも登場するCOMITIAという同人誌即売会で、私のつくった同人誌がある出版社の編集者の目にとまり、声をかけてもらい、やがて書籍化された。それ以降も、発表した同人誌がきっかけとなってwebでの連載がスタートしたり、書籍の企画が生まれたり（本書も『労働者のための同人誌入門』という全四巻の私の同人誌がベースとなって生まれた）……といったように、同人誌をつくることで、私の作家生活は非常に順調に動き出したのである。

同人誌をつくるという表現の効果は、端的に言えば「自分をゆっくり発見できる」ことに尽きる。世の中には、手軽でスピーディーな自己表現や自己実現を可能とするアクティビティがたくさんあるが、同人誌制作はやや時間のかかる表現行為である。だが、そこで費やされる時間が、ちょっとした一手間が、探索にはちょうどよいのだと思う。すぐ見つかる自分より、少々苦労しながらコツコツ見つけていく自分のほうが、愛しやすいし、見つける過程そのものが楽しくなると思うからだ。過重労働でヒイヒイ言っていた昔の私は、完全に自分を見失っていた。見つけたいとも思わないようになっていた。だが、同人誌と出会い、同人誌をつくったおかげで、私は忘れていた（見捨てていた）私を、のんびりと発見できたのである。

読者の皆様に伝えたい部分も、そこにある。忙しい日常の中で、自分を見失わないようにするために、同人誌をつくろう。つくれば、A子のように、私のように、あなたは必ずあなたの人生を変えることができる。

最後にお礼を。本書のベースとなった同人誌『労働者のための同人誌入門』第一巻を読み、いち早く連絡をくださった幻冬舎の楊木希さん。おかげでこうして一冊の単行本にまとめることができました。改めて感謝いたします。

そして本書を手にとってくださった読者の皆様、本当にありがとうございます。本書を読み、実際に同人誌をつくってみたいとあなたが思ってくれたら、著者としてこれほど嬉しいことはありません。同人誌が完成したら、教えて下さい。今度は私があなたの読者になります。

二〇一九年一一月八日　川崎昌平

初出：同人誌『労働者のための同人誌入門』

ブックデザイン：森敬太（合同会社 飛ぶ教室）

同人誌をつくったら人生変わった件について。

著者　川崎昌平
発行者　見城徹
発行所　株式会社　幻冬舎
〒151-0051
東京都渋谷区千駄ヶ谷4-9-7
電話＝03(5411)6211(編集)
03(5411)6222(営業)
振替＝00120-8-767643
印刷・製本所　図書印刷株式会社

2019年12月20日　第1刷発行

Printed in Japan
ISBN978-4-344-03554-6　C0095

幻冬舎ホームページアドレス　https://www.gentosha.co.jp/
この本に関するご意見・ご感想をメールでお寄せいただく場合は、comment@gentosha.co.jpまで。